Sergio Martín Blas

Retóricas de la casa

Ensayos Críticos
08

Otra revolución doméstica

«La barca del amor se estrelló contra la vida cotidiana».
El verso desesperado de Maiakovski podría ilustrar una de las
paradojas más conocidas de la arquitectura del último siglo:
el intento de operar un cambio social profundo mediante la
transformación de los hábitos y de los espacios domésticos
se enfrenta no solo a la inercia de las costumbres y los tipos
(humanos, arquitectónicos), sino a la sofisticada singularidad
de los discursos que promueven el cambio, aislados en el
terreno de lo poético, lo artístico, lo cultural. Ecos de aquel
naufragio resuenan con fuerza en el interés renovado por lo
ordinario, por lo banal, por lo cotidiano; y por la casa como
lugar en el que se inscriben ambiguamente todas estas
categorías. La situación es, por supuesto, irónica: la misma
promesa de romper la separación entre arte y existencia de
hace un siglo sirve hoy, imbuida de cinismo, inconsciencia o
buenas intenciones, para neutralizar cualquier transformación
profunda de las estructuras que gobiernan la realidad. Las
miradas más incisivas han destacado la importancia de esta
dislocación.

A finales de los años noventa Otília Arantes habló
precisamente de un proceso de «ironía objetiva», ajena a
toda voluntad interpretativa, para demostrar la continuidad
aparentemente paradójica entre el «giro cultural» anticipado
en la arquitectura y el urbanismo radicales de los años
sesenta y el carácter profundamente conservador de la
gestión urbana postmoderna.[1] Casi veinte años después,
la vigencia del fenómeno ha sido señalada con crudeza
por Manuel Delgado: el desplazamiento de los conflictos al
terreno simbólico del lenguaje y de la acción performativa,
retórica, se constituye en mecanismo de «desactivación del
activismo».[2] Las mejores intenciones alimentan un nuevo
conformismo de fondo, la sumisión a una «dominación
virtuosa» perfectamente compatible con los gestos de
rebeldía y ruptura de hábitos cotidianos, asumiendo
implícitamente la renuncia a transformar las estructuras
sociales y políticas.[3] Casi inevitablemente, Delgado acaba
parafraseando a Maiakovski: la barca del activismo artístico
«ha terminado rompiéndose contra aquella misma vida
cotidiana que aspiraba a romper».[4]

El desplazamiento hacia un terreno retórico que se conforma con visibilizar los problemas y prescribir acciones radicales, supuestamente transformadoras, penetra hoy de nuevo hasta el núcleo más íntimo de la existencia. La casa aparece así recurrentemente en las bienales de arte y arquitectura, objeto de exposiciones, teorías y experimentaciones que asumen, en el mejor de los casos, un discurso político confiado a la agenda de los movimientos sociales y, más a menudo, agotadas en la afirmación de valores de autoría y publicidad dominantes en el campo de la creación y gestión cultural. No es casual que esa penetración sea paralela a la de las tecnologías de la comunicación y la información, sometidas a un proceso acelerado de «domesticación» desde los años noventa.[5] El proceso alimenta un nuevo exhibicionismo que confluye con la exasperación paradójica de tendencias individualistas, hacia la introversión, con la formación de 'burbujas' personales hiperconectadas.[6]

El mismo avance tecnológico sirve de base a una de las retóricas de la casa más difundidas en los últimos años: las nuevas formas de domesticidad deben romper radicalmente con el pasado para reflejar una realidad sin precedentes, marcada por la revolución de los medios que expanden nuestras relaciones, transforman las costumbres y manifiestan una diversidad creciente de los estilos de vida. La ironía aflora de nuevo en el uso de la palabra 'domesticidad', cargada de pesadas implicaciones históricas, en la persistencia de las viejas ideas del determinismo tecnológico (Marshall MacLuhan) y en el recurso implícito o explícito, una vez más, a la fórmula de la 'revolución doméstica', tantas veces empleada en los últimos setenta años, desde Reyner Banham a Dolores Hayden.[7] Por otro lado, no es de extrañar que la ideología de lo nuevo, así como su reflejo inseparable en la afirmación de lo eterno, de lo atemporal, encuentren en la casa y su arquitectura un terreno especialmente fértil. La falsa dialéctica entre lo nuevo y lo antiguo contribuye decisivamente a la negación de una dimensión histórica de la vida cotidiana e impide que afloren con crudeza los conflictos y contradicciones dados por resueltos o aparentemente superados. De ahí la necesidad de reconstruir continuidades que permitan desvelar el origen de las retóricas que se proyectan sobre la casa, empezando por el papel que juega su arquitectura en nuestra memoria reciente.

La casa como monumento

No deja de ser significativo que el director del Museo Victoria & Albert (V&A) de Londres, Tristram Hunt, se tuviera que defender de la acusación de *art-washing* tras exponer el fragmento del conjunto de viviendas sociales Robin Hood Gardens, recién adquirido por la institución, en la Bienal de Arquitectura de Venecia de 2018, aquella que comisariaron Yvonne Farrell y Shelley McNamara bajo el desconcertante lema *Freespace*.[8] El año anterior, y tras una década de 'resistencia' contra la demolición, el conocido bastión del *Welfare State* británico pre-Thatcher había caído definitivamente, arrastrado por las olas del mercado inmobiliario londinense. Los restos del naufragio ofrecían un aspecto surrealista en el Arsenale veneciano, como si hubieran sido ensamblados por un ingenuo Robinson, acompañados por un discurso de tono melancólico que se centraba en los aspectos socio-económicos de la derrota: destrucción de barrios de vivienda pública, intereses inmobiliarios, procesos de *redevelopment*, arquitectos al servicio del sector privado, crisis de la vivienda... poco se decía, casi nada, sobre las singulares cualidades y valores arquitectónicos del proyecto de Alison y Peter Smithson construido en 1972 en el *East End*.

Sin embargo, son estas cualidades las que explican la adquisición por parte del V&A del fragmento recuperado en el proceso de demolición: un recorte de tres pisos que incluye la famosa 'calle en el aire' con dos de los apartamentos trabados en sección. La pieza, clasificada por el Museo bajo la etiqueta *New Brutalism*, representa una especie de canto del cisne no solo de aquel 'estilo', sino también de las experimentaciones modernas en vivienda social, el final de una historia llena de esperanzas, frustraciones y conflictos, marcada por el imperativo de mejora de las condiciones de vida material de las clases trabajadoras. Todo ello refuerza la condición fantasmagórica de su aparición en Venecia mediante un montaje parcial apoyado en andamios, reconocible casi únicamente por los maineles prefabricados de hormigón de la fachada original.

El título de la instalación, *A Ruin in Reverse*, insistía en el mismo tono nostálgico al retomar la expresión empleada por los Smithson para presentar por primera vez la obra en la Bienal veneciana de 1976.[9] El atractivo de los edificios en construcción y su identificación metafórica con la ruina asumían entonces inevitables resonancias ruskinianas y románticas, reforzadas ahora por las fotografías de la demolición. De hecho, entre los materiales presentes en la muestra de 2018 (fotos históricas, video-instalación del artista coreano Do Ho Suh, textos de los comisarios Christopher Turner y Olivia Horsfall Turner…), aquellas imágenes de los edificios de Robin Hood Gardens parcialmente destruidos eran sin duda la mayor fuente de fascinación, origen de un efecto inquietante y difícil de integrar en el relato que se trataba de transmitir. Allí estaba el recuerdo de la «alegría diabólica» causada por la destrucción de la que hablaba Adolf Loos, compartida por el niño y el albañil,[10] o la atmósfera onírica de las imágenes de los *sventramenti* romanos, en las que la intimidad doméstica queda expuesta a través de sus huellas (papeles pintados, muebles, tabiques…); la misma fascinación del entomólogo que corta el hormiguero con un vidrio para observar su interior o de quien se asoma a una casa de muñecas, como las presentes en la colección del V&A. Pero, sobre todo, las fotografías de la demolición evocaban la imagen del monumento en ruinas, un recuerdo profundamente instalado en la cultura europea.

Robin Hood Gardens, demolición del bloque en Cotton Street, 2018. Fotografía de Peter Kelleher ©The Victoria and Albert Museum

A este propósito resulta significativo que tanto el Museo como en su momento los Smithsons hayan omitido que la expresión *A Ruin in Reverse* había sido empleada antes por otro Smithson, el artista norteamericano Robert Smithson, para referirse también a los edificios en construcción. En «The Monuments of Passaic», el conocido texto publicado en 1967 en *Artforum*, Smithson se enfrentaba precisamente a la complejidad de las relaciones entre el monumento como huella material y los conceptos de tiempo y memoria en el contexto del suburbio residencial norteamericano:

Ese panorama-cero parecía contener ruinas al revés, es decir, toda la construcción nueva que eventualmente se construiría. Esto es lo contrario de la «ruina romántica», porque los edificios no *caen* en ruinas después de ser construidos, sino que *ascienden* como ruinas antes de ser construidos. Esta *mise-en-scène* antirromántica sugiere la idea desprestigiada del tiempo y muchas otras cosas «pasadas de moda». Pero los suburbios existen sin un pasado racional y sin los «grandes acontecimientos» de la historia.[11]

La condición antimonumental del suburbio, repetición *ad infinitum* de la casa aislada en su jardín, provoca un efecto de suspensión del tiempo histórico semejante al de la aparición fantasmagórica del fragmento de Robin Hood Gardens en Venecia, lo que explicaría la coincidencia en el uso de la metáfora que vincula la ruina con el edificio en construcción. La mirada artística contribuye, en ambos casos, a una toma de distancia. Sin embargo, la transformación de un fragmento del complejo londinense en pieza de museo sigue siendo particularmente problemática no tanto por su introducción en el circuito de la producción cultural, sino porque la obra asume, a pesar de todo, los atributos del monumento. Una casa, una vivienda social de los años setenta del siglo pasado, portadora de los valores modernos de universalidad y repetición, se considera por primera vez depósito de una memoria que debe preservarse, representación de un momento histórico que justifica el esfuerzo delirante de recorte y desplazamiento de su arquitectura. Es ahí, más que en los discursos presentes en la Bienal sobre el contexto social y político de la demolición, o sobre el concepto de ruina, donde se encuentran los problemas más interesantes a la hora de afrontar el significado de la arquitectura de la casa. El primero de ellos es la paradoja contenida en la identificación entre casa y monumento.

Fisuras en lo cotidiano

La incorporación al territorio de la arquitectura de la casa popular, de la vivienda colectiva, mínima, masiva, de la casa repetida y repetible, objeto que pasa de ser ignorado a convertirse en una de las prioridades para la cultura de los arquitectos durante el siglo XX, se inscribe en un movimiento más general y profundo que sitúa la vida cotidiana y sus huellas, la vida privada y los acontecimientos rutinarios, ordinarios, en el origen de nuevos enfoques para la historia, la filosofía, el arte y para el desarrollo de la sociología y la antropología.[12] La casa es, en efecto, el correlato material de la vida cotidiana. Resulta revelador, en este sentido, que Marc Bloch y Lucien Febvre fundaran en 1929 en Estrasburgo la revista *Annales d'histoire économique et sociale*, precursora de las nuevas perspectivas históricas, el mismo año en el que los participantes en el II Congreso Internacional de Arquitectura Moderna se reunían a doscientos kilómetros de la capital alsaciana, en Frankfurt, para tratar por primera vez de manera conjunta la cuestión de la vivienda mínima.

A lo largo de las décadas siguientes, y hasta hoy, la vida cotidiana no ha dejado de crecer como objeto de estudio, a menudo relacionado con posibilidades de cambio, transformación, rebeldía o control social. Una buena parte de las aportaciones aún dominantes en este terreno provienen del pensamiento francés de la segunda mitad del siglo XX, desde la *Crítica de la vida cotidiana* de Henri Lefebvre (1947-1961-1981) a *La invención de lo cotidiano* de Michel de Certeau (1980), desde el trabajo histórico de Philippe Ariès sobre la vida privada (1985-1987) a las formulaciones literarias de Georges Perec. «Los diarios hablan de todo, salvo de lo diario», escribió Perec a principios de los años setenta para llamar la atención sobre lo que él mismo llamó «lo infraordinario»: «lo que pasa cada día y regresa cada día, lo trivial, lo cotidiano, lo evidente, lo común, lo ordinario».[13] Es en las realidades aparentemente banales y fútiles donde están celados, según Perec, los significados profundos de nuestra existencia y no en los acontecimientos excepcionales, insólitos o extraordinarios que recogen los periódicos.

Sin dudar de la originalidad de las aportaciones francesas que siguen dominando nuestras bibliografías, es interesante señalar aquí que tanto la importancia de lo ordinario como la oposición entre lo ordinario y lo extraordinario fueron anticipadas desde finales del siglo XIX con singular lucidez por Miguel de Unamuno. En un conocido pasaje publicado originalmente en 1895, recogido después en el volumen *En torno al casticismo* (1902), Unamuno define la «intra-historia», la vida «silenciosa y continua», ordinaria, como verdadera «sustancia del progreso». La intra-historia sería lo contrario de la historia, hecha de eventos excepcionales, extraordinarios, los que aparecen en los periódicos, en términos que se adelantan a Perec: «los periódicos nada dicen de la vida silenciosa de los millones de hombres sin historia».[14] En el desarrollo del concepto Unamuno utiliza una expresiva imagen metafórica: el contraste entre el movimiento de las olas del mar, el rumor y la espuma en su superficie visible (la historia) y la oscuridad silenciosa de las profundidades marinas (la intra-historia). El pasaje se cierra con estas palabras:

> Sobre el silencio augusto [...] se apoya y vive el sonido; sobre la inmensa Humanidad silenciosa se levantan los que meten bulla en la Historia. Esa vida intra-histórica, silenciosa y continua como el fondo mismo del mar, es la sustancia del progreso, la verdadera tradición, la tradición eterna, no la tradición mentira que se suele ir a buscar al pasado enterrado en libros y papeles y monumentos y piedras.[15]

Un pasado enterrado en monumentos y piedras... La conclusión es significativa: los monumentos y las piedras, como las lápidas de las tumbas, sirven para fijar los relatos sobre el pasado y son para Unamuno las manifestaciones arquitectónicas de la historia y sus invenciones. Y no es difícil entender, leyendo su texto, que la arquitectura de la intra-historia, de lo ordinario, es fundamentalmente la arquitectura de la casa, la de los «grupos de apiñadas viviendas», «donde la vida parece discurrir calmosa y lenta en la monotonía de las horas».[16] La casa sería, por tanto, lo contrario del monumento, la continuidad silenciosa de su arquitectura objeto de una tradición oscura y profunda, su cantidad e inercia comparables a las de las masas oceánicas.

La teoría de la arquitectura ha reconocido en varias ocasiones esta singular condición de la casa. A la inercia en el tiempo de su arquitectura y a la profundidad de sus raíces populares había hecho referencia ya, antes que Unamuno, Eugène-Emmanuel Viollet-le-Duc en su *Diccionario de la arquitectura francesa* de mediados del siglo XIX: «en el arte de la arquitectura, la casa es ciertamente lo que mejor caracteriza las costumbres, los gustos y los usos de un pueblo; su orden, así como sus distribuciones, no se modifican más que a muy largo plazo».[17] Sin reparar en que Viollet-le-Duc se refiere a la persistencia de las formas de vida doméstica de los pueblos conquistados frente al poder de los conquistadores, Aldo Rossi cita sus palabras en un capítulo de *La arquitectura de la ciudad* para afirmar la contraposición entre casa y monumento, entre los elementos que se renuevan siguiendo la inercia de un 'orden' y los que persisten materialmente en la evolución de la ciudad.[18] En el mismo capítulo, Rossi elabora una durísima crítica hacia las «conservaciones ambientales», vinculadas obviamente a la vivienda, a la protección de un tejido residencial, cuya correspondencia con los valores de la ciudad compara con la relación entre el cuerpo embalsamado de un santo y su personalidad histórica. En la evolución de la ciudad solo los monumentos se deben conservar, y no como freno, sino como impulso al desarrollo urbano. A este respecto, recordando implícitamente las ideas de Camillo Sitte, Rossi añade con cautela:

[...] es indudable que admitiendo precisamente la hipótesis de la ciudad como manufactura, o como obra de arte en su totalidad, se podría encontrar la misma legitimidad de expresión en una vivienda, o en todo caso en una obra menor, que en un monumento. Pero cuestiones de este tipo nos llevarían demasiado lejos.[19]

La dialéctica entre casa y monumento es, en el pensamiento del autor italiano, una premisa fundamental para comprender la ciudad y sus transformaciones: se puede poner en duda, pero esta duda «nos llevaría demasiado lejos». Entre Viollet-le-Duc y Aldo Rossi se despliega la larga cadena de teorías urbanas de base analítica que sitúan en primer término conceptos como el de duración, persistencia o memoria, con las aportaciones clave de Marcel Poëte, Pierre Lavedan o Maurice Halbwachs, en Francia, y de Gustavo Giovannoni o Xaverio Muratori, en Italia. La aparición desde finales del siglo XIX de inquietantes fisuras que amenazaban la contraposición entre casa y monumento, relacionadas con la identificación de la casa como objeto de exploraciones artísticas, explica la advertencia recogida en *La arquitectura de la ciudad*. Entre las primeras reacciones ante esa situación es inevitable recordar la de Adolf Loos. En un conocido artículo de 1910, el austriaco aludía con sarcasmo a la tendencia a convertir la casa y los objetos de la cotidianeidad en motivos de exploración artística para arquitectos y diseñadores. La casa, según Loos, no tiene nada que ver con la obra de arte, lo que permite, de paso, aclarar las relaciones entre arte y arquitectura: la casa responde a las necesidades del presente, a la comodidad de la vida cotidiana, mientras la obra de arte es esencialmente incómoda, señala hacia el futuro estableciendo una fractura, rompiendo la continuidad de la vida. El autor se pregunta finalmente: «¿no será que la casa no tiene nada que ver con el arte y que la arquitectura no debiera contarse entre las artes? Así es. Solo una parte, muy pequeña, de la arquitectura corresponde al dominio del arte: el monumento funerario y el conmemorativo. Todo lo demás, todo lo que tiene una finalidad, hay que excluirlo del imperio del arte».[20]

La mención al monumento funerario al final del pasaje es elocuente ya que denota la ambigüedad del discurso de Loos. De hecho, en el mismo artículo la tumba sirve para definir la esencia de la arquitectura. El fragmento más conocido y repetido del texto, aquel que alude al encuentro con la pirámide de tierra de seis pies de largo por tres de ancho en el bosque, concluye con estas palabras: «nos pondremos serios y en nuestro interior algo nos dirá: 'aquí hay alguien enterrado'. *Esto es arquitectura*».[21] La forma del monumento, despojada de utilidad pero capaz de despertar un estado de ánimo y una memoria (concreta o genérica), en el caso de la tumba la de la persona enterrada, permite aislar la ineludible componente artística de la arquitectura. La tumba fija un recuerdo, una historia o un relato accesibles incluso a quien percibe por primera vez la pirámide de tierra. La casa, el lugar en el que discurre la vida ordinaria, sería lo contrario de la tumba y, más en general, del monumento, en la medida en que recuerdo y narración no emanarían directamente de su forma, sino de las vivencias concretas y de los usos propios de la esfera privada.

Casa y monumento, en suma, se presentan como términos opuestos en una buena parte de las teorías dominantes sobre la ciudad y la arquitectura del último siglo, teorías que siguen sirviendo de referencia y de guía hasta la actualidad. Pero si como Unamuno nos proponemos buscar las verdades profundas de la existencia en la vida silenciosa que se repite, en lo cotidiano, en la intra-historia, o buscamos un nuevo sentido desde lo infraordinario de Perec y si, en consecuencia, asumimos la importancia de la casa, de la vivienda y la vida doméstica como objetos fundamentales de investigación, también para la arquitectura, ¿es posible hacerlo sin renunciar a su trivialidad, a su esencia ordinaria, a su inercia en el tiempo histórico? ¿No conlleva tal toma de conciencia una inevitable y paradójica salida a flote de lo ordinario, su aparición en la superficie de la historia, un salto o fractura que convierte lo ordinario en extraordinario y amplía sus fisuras? He aquí una de las cuestiones fundamentales para comprender la arquitectura del último siglo, dominante en el largo ciclo que identificamos vagamente como moderno y que no ha hecho más que multiplicar su presencia inquietante en los últimos años, cuando la memoria de aquel periodo se ha sometido a un doble proceso, solo aparentemente contradictorio, de mitificación y 'borrado'. Como demuestra la demolición y conversión de Robin Hood Gardens en pieza de museo, el activismo artístico contemporáneo contribuye decisivamente a ocultar lo que la arquitectura de vivienda significa en términos históricos, su relación con un giro perturbador, con un movimiento que se ha dado periódicamente por muerto y enterrado en monumentos y piedras.

Un nuevo sujeto histórico

Efectivamente, la casa, no una casa singular, la villa o el palacio, sino la casa en su sentido más común, la casa que se repite, la vivienda popular, económica, se convierte por primera vez en el siglo XX en objeto de las preocupaciones de los arquitectos, y de las pretensiones artísticas de la arquitectura. No faltan los testimonios de esa verdadera convulsión. «En el pasado los arquitectos se ocupaban de manifestar la Arquitectura en templos y palacios, nosotros sin embargo hemos llevado la Arquitectura a la casa, y hemos abandonado los templos y los palacios», escribía enfáticamente Le Corbusier en 1927, anunciando una inversión de papeles que culminaría con la atribución de un valor monumental a las torres de vivienda y 'unidades de habitación', es decir, a la vivienda colectiva a gran escala, en planes urbanos como los de Sant-Dié, Firminy y otros.[22] La misma consigna se repite, con tonos y connotaciones distintas, en los años siguientes. Asumiendo el inquietante lenguaje bélico del periodo, Karel Teige afirma en 1932 que «la casa mínima se ha convertido en el problema central de la arquitectura moderna y en el grito de guerra de la actual vanguardia arquitectónica».[23] Para Alexander Klein, uno de los pioneros en las aproximaciones científicas al problema de la casa económica, la producción en masa de viviendas es el tema central de la arquitectura; tema que no solo define nuevos objetivos, sino que «con sus demandas sociales y económicas incide necesariamente en la expresión de la arquitectura», de toda la arquitectura.[24] La vivienda colectiva emerge desde entonces como campo de pruebas para el talento de los mejores y más importantes arquitectos, motivo de experimentación vinculado a la posibilidad de formular un nuevo orden urbano, un lenguaje compartido; o ligado a la personalidad de los autores, objeto de exposiciones y congresos cuyas manifestaciones se elevan, incluso, a la categoría de obra de arte, contra las premisas de Loos, en contradicción evidente con algunas de las aspiraciones morales y sociales del periodo, manifestaciones identificadas con sarcasmo por Bruno Taut como «un té de beneficencia 'a favor de los pobres'».[25] Es este uno de los rasgos más característicos y paradójicos de la modernidad en arquitectura, desde la Weissenhofsiedlung (1927) comisariada por Ludwig Mies van der Rohe hasta las experiencias comunales soviéticas de los años veinte y treinta, desde la monumentalidad de los Höfe de la Viena Roja (1919-33) al mito de la Unité d'Habitation corbuseriana (1952), del Hansaviertel berlinés (1957) a PREVI-Lima (1969-1973), de Habitat 67 en Montreal a la aparición de Robin Hood Gardens en la bienal veneciana de 1976. La persistencia del tema en la cultura de los arquitectos ha sobrevivido incluso al declive de las políticas públicas de vivienda y al abandono de las aspiraciones sociales modernas. Sin el impacto del periodo anterior, la búsqueda de una arquitectura extraordinaria para la casa sigue apareciendo bajo el impulso competitivo de concursos de ideas como Europan (desde 1989) y de exposiciones y festivales que han llegado a asumir el viejo formato de los barrios experimentales, como el Festival de Vivienda de La Haya (1987-2003) o los prototipos construidos en Apan para el Laboratorio de Vivienda impulsado por INFONAVIT en México (2019).

En suma, la posibilidad de identificar la casa, la vivienda colectiva, como monumento es evidente en una buena parte de la arquitectura de los últimos cien años, incluso en sus manifestaciones más recientes, mediáticas y desteñidas. Por otro lado, no cabe duda de que la vivienda es precisamente el tema que ha producido un corpus de investigaciones y experiencias más reconocible y original, ocupando un espacio fundamental en la memoria del mismo periodo. Dicho desplazamiento es coherente con la superación de las jerarquías urbanas teorizadas por la disciplina, pero también refleja un movimiento histórico más general. En efecto, la casa, la vivienda en sus manifestaciones más comunes, la vivienda popular, económica, social, apareció finalmente en las páginas de los periódicos, o sea, en la historia, señalando una disociación radical respecto a la intra-historia oscura y silenciosa formulada por Unamuno. El motivo profundo de este giro no fue otro que la aparición de un nuevo sujeto histórico que, al margen de las intenciones de las políticas y de los proyectos originales, se manifiesta en la arquitectura de vivienda colectiva producida en masa y, en especial, en el amplio espectro de obras que se adscriben al concepto de vivienda social. Las historias que se multiplican y se cruzan y las masas que dan forma al habitar colectivo fueron por primera vez protagonistas de los grandes acontecimientos y hasta de relatos épicos o heroicos, en lugar de las personalidades individuales de los grandes personajes y los eventos excepcionales.

En palabras de Marina Waisman, «el acceso de las clases más necesitadas al escenario histórico, y el consiguiente reconocimiento de la calidad de sus necesidades y derechos», explica la aparición del nuevo objeto arquitectónico, la vivienda masiva, y también, cabe añadir, su erosión, abandono y final desplazamiento al terreno inocuo de la producción cultural bajo el poder persistente de «aquellas fuerzas que dominaban y calificaban la ideología de la naciente Revolución Industrial», que siguen inhibiendo el empeño universal por satisfacer esas necesidades y derechos.[26] Si algunas de las viviendas del periodo moderno fueron proyectadas conscientemente o inconscientemente como monumentos capaces de representar este giro histórico, esta fractura, si su arquitectura debe persistir en nuestras ciudades o si la monumentalidad icónica de determinados proyectos contemporáneos de vivienda tiene relación con esa condición histórica, son solo algunas de las cuestiones que aparecen en aquel territorio demasiado lejano al que aludía Aldo Rossi. En cualquier caso, la alteración de las jerarquías entre casa y monumento es el punto de partida para entender las retóricas que han acompañado el declive de la vivienda social como objeto de investigación y de proyecto (frente a los estudios centrados en la casa y la domesticidad) y las paradojas contenidas en su retorno aparente durante las

últimas décadas. Un retorno en el que Latinoamérica
ha jugado un papel fundamental por contraste, no menos
retórico, con el continente en el que se reconocen el origen
y los planteamientos pioneros sobre el tema.

Laboratorio latinoamericano

Pocas ideas son tan embarazosas como la de que la ciudad
latinoamericana es un campo de pruebas abierto a los
experimentos de la vanguardia arquitectónica, laboratorio
y reserva de una 'radicalidad' perdida en otras latitudes y
regiones, fuente de invenciones impulsadas por la falta de
ataduras culturales y la escasez de medios. La idea es tan
embarazosa como persistente: basta recordar el impacto del
relato periodístico de Justin McGuirk en *Ciudades radicales*
(2014), su difusión en medios académicos y generalistas,
para entender la inercia de una retórica que sigue indicando
a América Latina como crisol de una «nueva arquitectura»
marcada por la imaginación, el ingenio y el activismo político,
y de «emocionantes nuevas concepciones sobre la ciudad».[27]
El optimismo proyectado sobre la ciudad latinoamericana es,
en todo caso, una construcción intelectual que sigue operando
y produciendo consecuencias concretas, ineludible para los
estudios históricos y culturales. En su reciente trabajo sobre
esta «figura de la imaginación social», Adrián Gorelik realiza
una aportación crítica fundamental para entender el papel
preeminente del urbanismo y la arquitectura de América Latina
en el periodo comprendido entre 1940 y 1970, cuando se
suceden y se solapan hipótesis de desarrollo y dependencia, de
modernización y revolución.[28]

El papel cambiante de la arquitectura de vivienda social en las
ciudades de la región se puede rastrear en el mismo periodo
histórico: desde la difusión y reconocimiento internacional
de los grandes conjuntos habitacionales promovidos por
los gobiernos estatales entre los años cuarenta y cincuenta,
hasta su caída bajo el efecto corrosivo de las teorías contra
los sistemas centralizados de producción de vivienda
instrumentalizadas a partir de los años sesenta, con la
circulación de nuevos modelos dominantes basados en la
autoconstrucción y la ayuda mutua. Partiendo de premisas y
contextos dispares, muchas de las aportaciones decisivas a
este cambio, como las de John Turner o Michel de Certeau,

coincidieron en señalar el potencial emancipador de la producción social del hábitat, de la autoconstrucción de la casa y de las tácticas de apropiación y transformación del espacio doméstico que actúan en contra o al margen de las estrategias de la arquitectura y el urbanismo modernos de vivienda social. En Europa, a partir de 2007-2008, cuando la llamada crisis financiera global desencadenó una nueva ola de recortes en las políticas sociales, coherentes con la agenda neoliberal activa desde los años ochenta, los ideales de emancipación volvieron al primer plano a través de una serie de movimientos ciudadanos que reclamaban sociedades más democráticas y participativas, espacios y procesos alternativos a los del urbanismo normativo. «Movimientos sociales urbanos, 'revueltas' y levantamientos»[29] compartían una amplia diversidad de tácticas, modelos, referencias e inspiraciones, desde la autogestión comunitaria y las cooperativas a las formas de 'okupación', los procesos 'de abajo a arriba', el 'háztelo tú mismo' o la autoconstrucción. En el terreno de la vivienda, origen de una buena parte del malestar social causado por la crisis, la búsqueda de alternativas desde la arquitectura incluyó un interés a menudo genérico por la ciudad latinoamericana. En ese contexto resurgía la llamada 'ciudad informal' como objeto de estudio y proyecto, con la posibilidad de imaginar una ciudad 'abierta' o 'libre' opuesta retóricamente a la ciudad formal, regulada y burocratizada. Sofisticados proyectos y planes para intervenir en favelas, villas, pueblos jóvenes y otras áreas urbanas informales han aparecido repetidamente desde entonces en los talleres de las escuelas y en las revistas de arquitectura,[30] mientras expresiones como «urbanismo táctico»[31] o «acupuntura urbana»[32] se extendían y generalizaban en su uso y aplicación, asociados a contextos de escasez e, implícitamente, austeridad, aumentando su influencia más allá de los lugares en los que se originaron. La imaginación de los arquitectos, expresada a través de eslóganes, etiquetas, imágenes, debates y *brainstorming*, parecía ponerse al servicio de una toma de conciencia sobre el aumento de las desigualdades sociales.

Los aspectos problemáticos de esta tendencia no tardaron en hacerse evidentes. Manuel de Solà-Morales, quien reclamó haber acuñado la analogía terapéutica de la acupuntura, se preocupó por advertir sobre los riesgos de su reducción a «acciones menores de costura local de tejidos urbanos o reformas de mínimo coste». Desde su punto de vista, la acupuntura «no tiene que ver tanto con lo pequeño, lo minucioso o lo delicado como con lo estratégico, sistémico e interdependiente», en contradicción con la retórica de lo táctico.[33] La premisa de la intervención puntual es, según Solà-Morales, la identificación de los lugares y de los canales de influencia adecuados mediante la observación de la ciudad y el territorio a través de una visión de conjunto; visión en la que la ciudad informal aparece, una vez más, como el resultado directo de las estrategias de segregación espacial que provocan lo que Bernardo Secchi ha denominado, parafraseando implícitamente a Manuel Castells, una «nueva cuestión urbana»: el incremento de las desigualdades sociales.[34] Bajo esta óptica aflora el papel instrumental de los arquitectos que, desde el activismo cultural y artístico, y desde un optimismo bienintencionado de tono festivo, contribuyen a escamotear las condiciones estructurales de explotación, a desactivar las herramientas de análisis y acción transformadora sobre la realidad, llenando las favelas de color, de artefactos y prótesis supuestamente reparadoras tras las que se cela, en el mejor de los casos, un efecto caritativo, anestésico o pacificador.

En este contexto es oportuno plantear de nuevo la pregunta sobre el papel que el optimismo latinoamericano ha jugado en el debate sobre la producción de vivienda y ciudad en los últimos setenta años, entrando en el análisis de sus trampas dialécticas: la asociación ingenua de la autoconstrucción con una sociedad más democrática y participativa y la correspondiente identificación del planeamiento urbanístico y las políticas públicas de vivienda con una burocracia corrupta e ineficiente. La respuesta depende, una vez más, de nuestra capacidad para desentrañar el significado histórico de la arquitectura de vivienda social, las paradojas, contradicciones y retóricas que han marcado su ascenso y caída, empezando por la idea de Latinoamérica como laboratorio para la vivienda social moderna.

Un paisaje espléndido

Cualquier relato histórico sobre la ciudad latinoamericana debe reconocer la importancia de la vivienda social en sus diversas manifestaciones y, muy especialmente, la producción pública dirigida a trabajadores y empleados en la construcción de un imaginario común sobre la arquitectura de la región, tema central que durante un largo periodo demandó los mayores compromisos y esfuerzos de investigación de arquitectos y urbanistas. Incluso una exploración superficial como la que llevó a cabo el historiador Henry-Russell Hitchcock para la conocida exposición «Latin American architecture since 1945», celebrada en el MoMA neoyorkino en 1955, permitía elogiar «la altura de las ambiciones latinoamericanas en el terreno de la construcción pública» en aquel momento, expresada fundamentalmente en los nuevos edificios y conjuntos de vivienda social.[35] Al comentar una de las fotografías realizadas por Rollie McKenna del Cerro Piloto en Caracas, que mostraba la arquitectura directa, sin concesiones, de Carlos Raúl Villanueva y el equipo del Banco Obrero venezolano, Hitchcock dejaba una pista sobre la distancia y el estado mental adecuados para apreciar plenamente el potencial de los grandes conjuntos de vivienda pública:

> Las montañas boscosas forman un espléndido fondo para los altísimos bloques y el terreno escarpado a ambos lados del valle ha requerido una gran variedad en la agrupación de los bloques próximos e idénticos [...]. La escala y el ritmo de la operación justifican en su conjunto la falta de acabado en la obra. El resultado parece casi equivalente a una ciudad completa; la visión de estos grupos sueltos de bloques dispuestos sobre el espléndido paisaje parece realizar uno de los sueños recurrentes del urbanismo del siglo XX.[36]

El sueño recurrente era, por supuesto, el de la ciudad moderna tal como quedó formulado en la Carta de Atenas, al que se añadía un cierto 'sabor' local: fachadas con colores alegres, detalles de bajo coste y bajo nivel tecnológico, y la relación dramática con un paisaje sublime. En 1955, cuando Hitchcock escribió su comentario, ese sueño parecía inalcanzable fuera de América, especialmente en Europa, donde la mayor parte de los grandes complejos de vivienda moderna estaban aún por llegar. Además, la imagen del Cerro Piloto incluía algunos elementos fortuitos que reforzaban su atmósfera onírica, como el velo espeso de nubes que cubría una parte de aquel «espléndido paisaje» mencionado por Hitchcock, transfigurado así en una presencia misteriosa e inquietante.

Más de sesenta años después, el velo de nubes se ha levantado para descubrir cómo el paisaje del Cerro Piloto se convirtió en algo radicalmente distinto, aunque familiar: el paisaje de la llamada ciudad informal. Ese es el fondo sobre el que destacan ahora los bloques monumentales de vivienda social construidos en los años cincuenta, manifestando cómo la realidad desbordó los límites de los sueños e imaginaciones modernos o quizá revelando la ingenuidad de fondo de aquellos sueños. El sueño de una transformación social operada desde la arquitectura, a través de los escenarios materiales de la vida cotidiana, de la vivienda, impulsado inicialmente por objetivos de control y pacificación de las masas populares, con origen en el reformismo del siglo XIX y que atraviesa todo el siglo XX, dió paso a un brusco despertar.

El caso del Cerro Piloto ilustra con elocuencia la dicotomía entre ciudad formal y ciudad informal que ha operado como marco de referencia para los debates urbanos en América Latina en las últimas décadas. Irónicamente, muchos de los discursos contemporáneos que cuestionan la validez de esta dicotomía tienden a vincular la ciudad formal con la autoridad opresora de los arquitectos, agentes que trabajan para los poderes hegemónicos, mientras la ciudad informal sería la expresión libre y democrática de 'la gente' que construye su entorno. De ese modo tienden a reproducir la misma dicotomía esquemática a la que intentan oponerse.[37]

Por otro lado, la celebración de las virtudes 'ocultas' de la ciudad informal y el descubrimiento de sus valores y cualidades se apoyan hoy a menudo en el mismo concepto empleado por Hitchcock en los años cincuenta para ensalzar la poética de la vivienda social producida en masa: el concepto de paisaje.

En efecto, un gran número de estudios y aproximaciones a la informalidad urbana en las últimas décadas ha invocado el sentido de lo pintoresco en sus representaciones e imágenes. Este es un componente decisivo en la estetización de la pobreza que, en el análisis seminal de Ananya Roy, manifestaría una forma de nostalgia pastoral al identificar el *slum* o la favela con una belleza orgánica, con «lo vernáculo, lo auténtico o lo tradicional», útil para concebir un paradójico «paisaje sin trabajo».[38] Al enfatizar la riqueza de los recursos imaginativos desplegados por los pobres, su capacidad de ajuste y respuesta, sin considerar las angustias, intereses y conflictos que dan forma a los lugares que habitan, la estetización de lo informal y el concepto mismo de informalidad se insertan de manera coherente en las retóricas de lo políticamente neutro, del libre emprendimiento e, incluso, del marketing urbano.[39]

Materiales como los de la exposición «Uneven Growth», promovida por el MoMA en 2014-2015, o el lenguaje empleado por profesionales e investigadores reconocidos como Rahul Mehrotra, ilustran bien la ambigüedad ideológica de las conexiones entre paisaje e informalidad.[40] La asociación es especialmente significativa, dado que la definición de paisaje incluye tanto aspectos artísticos, pictóricos y pintorescos, en el sentido de la peculiaridad de una imagen, como la premisa de observación desde un determinado lugar, la elección de un punto de vista. El paisaje de la ciudad informal expresa así implícitamente, como forma dominante de representación, un conveniente distanciamiento de los puntos de vista, su separación de las crudas realidades estructurales que subyacen a las formas representadas. Cabe aquí recordar de nuevo las palabras de Unamuno al señalar que el sentido estético del paisaje es solo accesible para quien, «libre de la pesadilla económica», alejado de la necesidad y de las cadenas del trabajo material, accede a una contemplación desinteresada.[41] Exploraciones precedentes, como las de Kant o Schopenhauer, asumían que el distanciamiento es, en última instancia, el requisito básico del gusto por lo sublime: la mezcla de placer y terror al contemplar un paisaje sobrecogedor requiere la adopción de mecanismos concretos de encuadre y de estabilización conceptual.[42] La dialéctica entre distanciamiento e inmersión aflora, bajo esta mirada, como uno de los aspectos cruciales para el análisis de la ciudad contemporánea en América Latina, aspecto reflejado en la oposición entre proyecto y acción, entre técnica y producción social, que subyace a los debates sobre la arquitectura de la casa dentro y fuera de aquella región.

Ética/Estética

La arquitectura de los grandes conjuntos habitacionales producidos masivamente según los ideales modernos de desarrollo se situó, entre los años sesenta y setenta del siglo pasado, en el punto de mira de una serie de proposiciones críticas cuya potencia destructiva contrastaba con la cautela de los esfuerzos anteriores por introducir mejoras y correcciones en el discurso de la modernidad. Rigidez, formalismo, homologación, deshumanización, monotonía, desproporción, eran algunos de los rasgos problemáticos asociados a los barrios modernos de vivienda social. En el mismo periodo el materialismo crítico de raíz marxista alcanzaba su máxima reputación académica dominando lo que Peter Hall llamó «la ciudad de la teoría».[43] Hacia mediados de los setenta, los trabajos más influyentes de Henri Lefebvre, Manuel Castells o David Harvey convergían con aproximaciones de inspiración anarquista a la vivienda y a la ciudad, como las de John Turner o Colin Ward, para atacar a los poderes hegemónicos que gobernaban el desarrollo de las ciudades modernas.[44] Los sistemas centralizados de producción de vivienda a gran escala se siguieron erosionando en las décadas siguientes bajo el efecto de aportaciones que asumían premisas y métodos diversos, como los del arquitecto brasileño Sérgio Ferro o las del pensador francés Michel de Certeau.[45]

Sin perder de vista sus diferencias es posible notar que todas estas aproximaciones compartían la voluntad de desplegar una posición ética opuesta al formalismo estético y a la abstracción funcional de la arquitectura moderna. Las herramientas de proyecto características de la modernidad eran la premisa instrumental de ese formalismo y contribuían decisivamente a su distanciamiento de la vida real. Conociendo los procesos paralelos de construcción de Brasilia y de la Cidade Livre levantada para albergar la población que trabajaba en las obras de la nueva capital, Sérgio Ferro trató de desvelar el modo en el que el dibujo-diseño arquitectónico implica la represión del trabajador en el terreno de la construcción. El papel hegemónico del dibujo (expresión del proyecto que divide y asigna tareas) es la clave para entender el funcionamiento despótico del mercado de producción de edificios:

> La función fundamental del dibujo de arquitectura hoy es la de hacer posible la forma mercantil del objeto arquitectónico, que sin este dibujo no podría ser realizada [...]. Que este dibujo sea, por algunas de sus características, dependiente de poderes superiores, que nazca o no ya sometido al capital, estas no son restricciones que disminuyan su necesidad estructural: ser una parte indispensable de la dirección despótica. Porque es solo como razón separada de la concreción, efecto de la ruptura de la producción por la violencia, que el dibujo es lo que es: una parte que, por ser parte, es dominada y transmite hacia abajo las formas de poder bajo las que aparece, que sufre y gobierna.[46]

El dibujo, instrumento de control formal y estabilizador de valores estéticos, inhibiría la plena realización del trabajador, su emancipación entendida como cuestión moral. En las formulaciones radicales de Ferro y de los componentes del grupo *Arquitectura Nova*, así como en otros discursos influyentes de los años sesenta y setenta, los valores éticos y estéticos son objeto de una confrontación dialéctica más o menos explícita: la arquitectura en general, y la casa en particular, deben ser objeto de una «poética de la economía» que exprese las condiciones materiales propias de la lucha por superar la pobreza y muestre las nuevas relaciones de producción en la obra, desmintiendo la neutralidad de la técnica.[47] Las preocupaciones de control formal típicamente modernas, las cuestiones estéticas y artísticas, pasarían a un segundo plano al considerarse 'superestructurales' frente al compromiso necesario para transformar los modos de producción de la arquitectura, la 'infraestructura'.

En las décadas siguientes, los términos del debate acabaron esquematizándose hasta confundir las posibilidades de emancipación popular con un abandono de la arquitectura y sus herramientas disciplinares, supuestamente incompatibles con los nuevos compromisos éticos y políticos. Las contradicciones provocadas por este movimiento no tardaron en manifestarse, ya que la idea de una posición moral sin estética demostró ser tan ingenua como su contrario: un lenguaje formal desprovisto de connotaciones éticas e ideológicas, correlato de la neutralidad técnica. De hecho, algunos de los discursos más rigurosos desde el punto de vista ético de aquel periodo acabaron derivando hacia la pura experimentación formal bajo las condiciones especiales del entorno académico, renunciando a enfrentarse a la complejidad de una realidad que caminaba en sentido contrario a sus previsiones.

Actualmente, las ideas del trabajador emancipado y del trabajo creativo, el lenguaje de la participación y del trabajo en equipo, se han convertido en instrumentos de persuasión, control y dominación mucho más penetrantes que los de la industrialización fordista, dentro de un cambio general de estrategia hacia la flexibilidad en la producción. Como ha señalado Pedro Fiori Arantes, la apropiación de conceptos y fórmulas del activismo de los años sesenta-setenta es paralela a una apropiación estética de la pobreza y el subdesarrollo, entendida ahora como renuncia, como gesto exhibicionista de despojamiento y austeridad.[48] Así, las ya intricadas relaciones entre ética y estética en arquitectura no han hecho más que complicarse, convirtiendo el gesto de vanguardia en su contrario. Una primera contribución positiva en este contexto sería reconocer abiertamente esas relaciones, evitar los esquematismos y retóricas que siguen dominando en muchos entornos. En la misma línea es necesario observar de nuevo críticamente el pasado reciente y desvelar que muchas de las primeras y más influyentes aportaciones a la 'revuelta' ética contra el formalismo moderno, como la de John Turner, ocultaban el desarrollo de categorías estéticas nunca explicitadas. En efecto, las proclamas iniciales de Turner sobre la autoconstrucción de las barriadas peruanas como un proceso abierto y libre, no determinado *a priori* por el proyecto (1963), coinciden exactamente en el tiempo con la difusión de las investigaciones de Umberto Eco sobre la obra de arte abierta (1962).[49] La situación sería anecdótica si no fuera porque manifiesta una corriente cultural de mayor profundidad y recorrido, con consecuencias reconocibles hasta la actualidad.

Turner y Ruskin

Trabajando como arquitecto en las barriadas informales de Arequipa y Lima desde finales de los años cincuenta, John Turner pudo constatar el fuerte contraste entre las políticas públicas de vivienda, centradas en la construcción de grandes conjuntos habitacionales, y la realidad de «las enormes áreas de alojamiento espontáneo que se extienden por el mundo proclamando el control de millones de autoconstructores autónomos».[50] Según Turner, 'la gente' (los trabajadores, los constructores) debe tener libertad para construir sus propias casas, mientras el papel de las instituciones debería limitarse a la provisión de infraestructuras y medios materiales que faciliten esa actividad. La gente estaba resolviendo el problema de la vivienda por sí misma, al margen de unas políticas públicas que no lograban producir ni una cantidad ni una calidad de vivienda adecuadas, evitando las ineficiencias de la burocracia supuestamente corrupta de los sistemas institucionalizados.

Libertad individual frente a la ineficacia de las políticas y procesos centralizados en la producción de vivienda, esos eran los términos básicos de la retórica de Turner, quien se encargó de divulgar internacionalmente un conocimiento local acumulado a lo largo de décadas. La portada de la edición española de su libro de 1976, *Vivienda: todo el poder para los usuarios*, desplegaba una versión gráfica de esa misma dialéctica mediante el contraste entre las formas vernáculas de una pequeña casa autoconstruida de una planta, en primer plano, y la monumentalidad y homogeneidad de un conjunto de viviendas en altura al fondo. Se trataba ya entonces de una imagen-tipo, la misma que se sigue empleando hoy para transmitir variaciones sobre aquellos mensajes, como demuestra la difusión mediática del caso de la cooperativa Palo Alto en Ciudad de México. El tono enfático y visionario de las imágenes y textos de los años sesenta y setenta ha favorecido, en efecto, su simplificación e instrumentalización, incluso en contra de las propuestas originales. Así sucede, por ejemplo, al asumir que la «libertad para construir» y el «poder para el usuario» implican la retirada de cualquier inversión pública en vivienda o, directamente, la negación de la legitimidad de las instituciones para intervenir a través del urbanismo en defensa del bien común.

En cualquier caso, es interesante señalar que, mucho antes de que John Turner elogiase las virtudes del constructor libre o de que Sérgio Ferro reclamase la emancipación del obrero de la construcción, el romanticismo decimonónico había desarrollado las implicaciones éticas y estéticas de la libertad en arquitectura. «Si hay un cambio continuo tanto en el diseño como en la ejecución, el trabajador debe haber quedado totalmente libre», escribía John Ruskin, un compatriota de

Turner, en el capítulo más celebrado y citado de *Las Piedras de Venecia*, el dedicado a «la naturaleza del gótico».[51] La participación libre del obrero de la construcción en el proyecto y ejecución de las obras era, para Ruskin, un imperativo moral y el medio para alcanzar el grado más alto de racionalidad respecto a las «necesidades prácticas» que surgen en cualquier proceso de edificación. Esa libertad convertía al gótico no solo en «la única arquitectura racional», sino también en el estilo más adecuado para una nación de hombres libres, que se distingue por «el hábito del trabajo rápido y duro», «el amor hacia los hechos» frente al amor hacia los proyectos, la «fuerza de voluntad», la «tendencia a enfrentar la razón individual a la autoridad» y la «intolerancia hacia el control excesivo».[52]

Coherentemente, las necesidades prácticas y la libertad eran, en el pensamiento de Ruskin, fuentes de una imperfección que corresponde a determinados ideales estéticos, concretamente al gusto romántico por lo pintoresco, los placeres de la diferencia y la sorpresa:

> Dado que el arquitecto, al que supondremos capaz de hacerlo todo a la perfección, no puede ejecutar todo con sus propias manos, debe o bien convertir en esclavos a sus obreros [...] y adaptar su obra a las capacidades de un esclavo, lo cual es degradarla; o bien debe aceptar a sus obreros tal como son, y dejar que muestren su debilidad junto con su fuerza, lo que supondrá [...] imperfección. [...] Nada de lo que vive es o puede ser rígidamente perfecto [...] en todas las cosas que viven hay ciertas irregularidades y deficiencias que no solo son signos de vida, sino fuentes de belleza. Todas admiten la irregularidad que implica el cambio. [...] La variedad [...] es tanto más saludable y hermosa cuando en muchos casos no se ha buscado en absoluto y es el resultado, no del mero amor por el cambio, sino de necesidades prácticas.[53]

Por supuesto todas estas virtudes estéticas son ajenas a la arquitectura clásica y en particular al control formal ejercido a través del dibujo, tal como fue codificado durante el Renacimiento y aplicado a lo largo de la Edad Moderna. No es sorprendente, en este sentido, que Ruskin proclamase la orgullosa virtud moral del gótico, expresión de la fuerza de voluntad de las tribus del norte, como un sentimiento contrario a la «languidez de las tribus del sur» y a su arquitectura; un sesgo racista que los comentaristas posteriores de su trabajo han tendido a soslayar.[54]

Volviendo a Turner y a sus seguidores, que parecen haberse multiplicado en los últimos años, el gusto estético por la variedad y por lo irregular no suele ser explícito ni relacionarse directamente con los enunciados éticos sobre la libertad y la emancipación popular, pero esa relación parece tan inevitable como la ascendencia romántica de sus ideas. Estos y otros discursos comprometidos con lo social y con la búsqueda de una arquitectura y una ciudad alternativas han vuelto sin duda a la luz, superando décadas de desprecio hacia cualquier posicionamiento ético, mientras su dimensión estética sigue permaneciendo en la sombra.

Grandes esperanzas

Una nube de misterio semejante a la que envolvía el Cerro Piloto en Caracas en la foto publicada por Hitchcock parece cernirse sobre la ciudad informal en América Latina, pese a los esfuerzos de observación, toma de datos, estudio inmersivo y visibilización realizados desde diversos campos en los últimos años, incluida la arquitectura. Las certezas fundadas sobre esa realidad son tan escasas como abundantes los mitos y lugares comunes que siguen circulando al respecto. Entre las consecuencias perniciosas del desconocimiento destaca la tendencia a homologar fenómenos distintos bajo una misma etiqueta. La ciudad informal sigue siendo, en buena medida, un objeto de estudio problemático, lastrado por la falta de observación directa y por las proyecciones 'desde fuera'.

Sin embargo, es posible reconocer al menos dos condiciones recurrentes y generales para cualquier aproximación actual al fenómeno. La primera y más obvia es que la mayor parte de los asentamientos informales están lejos hoy de encarnar los ideales de emancipación popular y acción comunitaria enunciados por Turner y otros autores desde los años sesenta del siglo XX. Las evidencias muestran que sus localizaciones y configuraciones son a menudo el resultado de procesos más formales y centralizados de lo que se suele suponer, controlados por agentes (traficantes de tierra y de materiales, especuladores, constructores) que operan al margen del marco legal y normativo para explotar las necesidades y aspiraciones de una clientela que no siempre incluye las capas

28

más pobres de la sociedad; procesos que en cualquier caso tienden a reforzar los sistemas de segregación espacial y las desigualdades urbanas.[55] Ilegalidad no equivale a informalidad y la improvisación guiada por las necesidades no es equiparable a una espontaneidad libre y creativa. En segundo lugar, pasados más de setenta años es evidente que los discursos que reclamaban la libertad del habitante para construir y el desmantelamiento de las políticas públicas de vivienda, el abandono del control del Estado y de las administraciones sobre el suelo y la construcción, se han convertido en un instrumento fundamental para la erosión de los mecanismos de justicia social en el contexto del giro neoliberal, no solo en Latinoamérica. En este sentido destacan, de nuevo, las aportaciones peruanas, con el economista Hernando de Soto como profeta de la ciudad desregulada, de la 'conversión' milagrosa de los urbanizadores y ocupantes ilegales de tierras en operadores del mercado inmobiliario y de los habitantes pobres en emprendedores.[56]

Si observamos el otro extremo de la dialéctica formulada por Turner, los problemas derivados de una producción de vivienda fuertemente centralizada y especializada, como la que dio forma a los grandes conjuntos habitacionales del periodo moderno, no pueden ser obviados. Porque, ¿qué puede ser peor que la monotonía, la homogeneidad, la rigidez normalizadora, la falta de cualidades y de humanidad de la vivienda producida en masa? La respuesta se encuentra probablemente en las páginas de las revistas de arquitectura de las últimas décadas: peor que la absoluta falta de variedad y diversidad en la vivienda son la diferencia y la variedad fingidas, recreadas por los arquitectos en sus proyectos al margen de cualquier proceso o demanda real. El recurso es, de nuevo, paradójico, dada la tendencia a una homologación profunda de los productos inmobiliarios alimentada por las lógicas conservadoras del mercado crediticio y por los marcos normativos. Incluso Jane Jacobs, cuyas ideas se han asociado con las inquietantes escenografías del *New Urbanism*, entendía el «inevitable dilema estético» provocado por la tendencia a la homologación a principios de los años sesenta: «¿Debe la homogeneidad parecer tan homogénea como es, y ser francamente monótona? ¿O debe intentar no parecer tan homogénea como es, y buscar diferencias llamativas, pero sin sentido y caóticas?».[57]

En Europa, la búsqueda de la diferencia y de la variedad se ha convertido en una de las tendencias dominantes en el proyecto de vivienda colectiva a partir de los años noventa del siglo pasado. Con ella se trata de evocar efectos de espontaneidad orgánica, apropiación o customización. La expresión de la pequeña escala doméstica aparece así de forma recurrente en la realización de grandes estructuras residenciales por parte de agentes públicos o privados. Basta repasar algunas de las imágenes de referencia en la arquitectura de vivienda social de principios del siglo XXI para constatar el peso de esta tendencia, desde el notorio edificio Silodam en Amsterdam (MVRDV, 2003) o el más sutil complejo en Brunnenhofstrasse de Zurich (Gigon & Guyer, 2009) a las experimentaciones promovidas a través de concursos por la EMVS en Madrid. En la mayor parte de los casos, la imagen de variedad no es más que el resultado de una cuidadosa composición de formas, texturas, colores y tipos, ajena a las variaciones reales que causarían las acciones acumuladas en el tiempo de agentes diversos o a los procesos reales de participación y apropiación del espacio. En los casos más extremos, el juego aparentemente orgánico y espontáneo en las fachadas oculta la repetición de las mismas espacialidades internas que han dominado el proyecto de vivienda desde los años veinte del siglo pasado, aquellas que Robin Evans relacionó con los ideales decimonónicos de reforma social a través de una arquitectura «decente» de la casa, consolidadas a través de los marcos normativos. Apartamentos familiares independientes, separación entre miembros de una misma familia y entre actividades mediante la división del espacio interior, reducción de las áreas compartidas de uso común al mínimo indispensable para la circulación y acceso, son algunas de las consecuencias del principio más general de «definición del movimiento y diferenciación entre espacios» que caracteriza la vivienda moderna.[58]

En casos más interesantes y coherentes la búsqueda de la variedad sí ha respondido a una demanda real de diferenciación, al trabajo con distintos agentes, a la participación de los habitantes en el proyecto o a procesos efectivos de apropiación de estructuras. Así lo demuestran las soluciones personalizadas y los sistemas adaptables desarrollados en el contexto de las nuevas promociones cooperativas o comunidades para la construcción (*building communities*) que se multiplicaron tras la crisis de 2007-2008, como el famoso complejo Kalkbreite en Zurich (2014) u otros casos de menor escala en Berlín (R50, 2013; Spreefeld, 2014), Hamburgo (Neue Hamburg Terrassen, 2013), Viena (Krakauer Strasse, 2013) y Barcelona (La Borda, 2018; La Balma, 2021; La Xarxaire, 2022). La transformación de estructuras repetitivas que aspiran a la indiferencia funcional es el origen de diferencias reales en algunos de estos y en otros ejemplos, que se alejan de la variedad compositiva para expresar una supuesta neutralidad del 'soporte'. Obras como el edificio Tila en Helsinki (2009-2011) y propuestas influyentes como las de Lacaton & Vassal asumen esa condición al ofrecer grandes espacios indefinidos, abiertos a una apropiación libre por parte de los habitantes.

En otros casos el objetivo de apertura real se traduce en un sistema matricial de habitaciones iguales que aspiran a liberar las posibilidades de uso, al menos sobre el papel, como en los reconocidos proyectos de Peris + Toral en Cornellá (2020) o de Harquitectes en Gavà (2022), ambos en el área metropolitana de Barcelona. El auge de las experiencias de construcción con asistencia técnica, autoconstrucción, del háztelo-tú-mismo y de la customización de la casa en países como el Reino Unido, o en los Países Bajos con el programa *Klushuizen*[59], responden a las mismas aspiraciones de cambio en la arquitectura de vivienda. En efecto, la variedad y la diferencia pueden ser el resultado de un proceso real, no solo de una voluntad plástica, compositiva, de los arquitectos. Y es ahí donde se revela el papel instrumental del interés por las experiencias cooperativas, de ayuda mutua, y por las prácticas del hábitat informal y las soluciones de autoconstrucción en Latinoamérica o por la vieja cuestión de la vivienda incremental,[60] desde sus hitos históricos más conocidos, como PREVI-Lima, hasta las propuestas de Alejandro Aravena.

El auge de estas referencias en los últimos diez años y la consiguiente apertura de la disciplina a un cuestionamiento de sus propios límites incluye varios elementos paradójicos que merece la pena analizar. Para empezar, el 'descubrimiento' de las formas de la arquitectura social en América Latina pone en evidencia la condición elitista de una profesión en gran medida desconectada de la realidad, ajena a las desigualdades que alimentan los procesos globales de urbanización y a los movimientos de lucha por la casa, que reintroduce las respuestas a esos retos a través de un ejercicio de memoria selectiva. Así, las experiencias pioneras sobre vivienda incremental desarrolladas desde los años cincuenta en Argentina, Colombia, México, Chile o Brasil, con el trabajo de figuras como Víctor Pelli, Carlos González-Lobo o Edwin Haramoto, han sido oportunamente olvidadas en favor de la 'originalidad' de las propuestas de Aravena, ganador del premio Pritzker en 2016. Un año antes, el museo MoMA albergaba la exposición *Latin America in Construction: Architecture 1955-1980*, retomando el relato histórico iniciado por Henry-Russell Hitchcock. La sección de la muestra dedicada a la arquitectura de vivienda registraba en términos simplificados el giro desde los grandes conjuntos habitacionales de promoción pública, como Nonoalco-Tlatelolco en Ciudad de México o el conjunto 23 de enero en Caracas, hacia la búsqueda de alternativas basadas en la autoconstrucción y la casa incremental, con PREVI-Lima, de nuevo, como ejemplo destacado, sin mayores aportaciones históricas.

El premio concedido a Aravena, relacionado según el jurado con «su compromiso con la vivienda social» en proyectos como el de la famosa Quinta Monroy en Iquique (2006)[61] y el lema de la Bienal veneciana comisariada por el autor chileno en aquel mismo año 2016, «Reporting from the Front», contribuían a presentar un cambio de rumbo inevitable en la cultura de los arquitectos. Así era al menos para ese «círculo privilegiado» que, como ha demostrado Pedro Fiori Arantes, después de décadas de menosprecio hacia la arquitectura social y hacia el Sur Global, se veía «forzado a reconocer la importancia, incluso la urgencia, de enfrentarse a los problemas sociales, medioambientales y de la vivienda».[62] Por otro lado, el proclamado abandono de las imágenes y discursos de la arquitectura espectacular de los años 90-2000 y el giro hacia lo social se integraron rápidamente en la retórica de la austeridad que dominaba el contexto posterior a la crisis financiera y en la lógica hegemónica del desarrollo sostenible. En el mismo año 2016 la conferencia Habitat III celebrada en Quito sentaba las bases de la Nueva Agenda Urbana con su colección de diecisiete Objetivos de Desarrollo Sostenible (ODS), en cuya redacción se incluía el «derecho a una vivienda adecuada» y la aspiración a construir entornos que sean «participativos, promuevan el compromiso cívico, engendren un sentimiento de pertenencia y propiedad entre todos sus habitantes».[63]

Aparentemente, estos y otros eventos manifestaban un compromiso social renovado y la esperanza de que la vivienda asequible pudiera convertirse de nuevo en un tema central de investigación para los arquitectos, con América Latina como referencia y guía. Entre 2015 y 2016 se podía afirmar que la arquitectura de aquella región había vuelto con fuerza, inspirando nuevas exploraciones en el terreno de la casa, de las prácticas sociales, de las luchas por el derecho a la vivienda y a la ciudad. Grandes esperanzas que contrastaban con las consecuencias devastadoras de la crisis financiera global, especialmente en Europa.

Una sociedad participativa

El contexto europeo anterior a 2015 fue agudamente descrito y analizado por Bernardo Secchi en su último libro, publicado originalmente en 2013 y traducido al español y a otros idiomas desde aquel año.[64] En la cima de su reconocimiento internacional como urbanista y teórico, Secchi tuvo el coraje de evitar los eufemismos con un título provocador: *La ciudad de los ricos y la ciudad de los pobres*. El libro es, de hecho, una de las aportaciones más relevantes a la comprensión de los fenómenos urbanos tras la crisis de 2007-2008. Un punto fundamental a tener en cuenta es que *La ciudad de los ricos y la ciudad de los pobres* se ocupa principalmente de las ciudades europeas. Según Secchi, el aumento de la desigualdad es uno de los rasgos fundamentales de la «nueva cuestión urbana» que desafía a la «tradición europea», identificada con los ideales democráticos y las técnicas de inclusión social:

> [...] algunos de los dispositivos legales, institucionales y de procedimiento, además de espaciales, propuestos por los arquitectos y urbanistas europeos del siglo XX, parecen mucho más sofisticados de lo que parece mostrar la práctica trivializada posterior; se presentan como el intento de asegurar que las condiciones materiales en que ricos y pobres eligen vivir o están inducidos o forzados a hacerlo sean menos distantes entre sí que sus respectivos ingresos y patrimonio.[65]

Esta tradición se alejaría del desarrollo urbano en otras regiones, como América Latina o los Estados Unidos, donde la historia a menudo ha llevado a «la separación, la alienación y la exclusión social, en lugar de la inclusión».[66] Sin embargo, desde las últimas décadas del siglo XX, bajo «la ideología del mercado y la retórica de la seguridad», la ciudad europea se ha convertido en un espacio de desigualdad creciente, con causas y resultados reconocibles: «la codicia de los ricos, el progresivo desmantelamiento del estado del bienestar y la degradación de la calidad de vida de los grupos sociales más pobres».[67] Para responder a este cambio de rumbo Secchi invoca, de manera aparentemente anacrónica, las responsabilidades específicas de urbanistas, arquitectos y otros técnicos que se ocupan del control del espacio y la forma urbana. La reivindicación contrasta con la desconfianza genérica hacia los especialistas, difundida en las últimas décadas, y con los discursos que proclaman la participación ciudadana como único camino para alcanzar una democracia real e igualitaria. Es probable que la larga experiencia de Secchi y su conocimiento directo de las paradojas desatadas durante los años sesenta del siglo XX le permitieran predecir el efecto de estos discursos: las llamadas recientes a una sociedad más participativa han sido rápidamente instrumentalizadas por las narrativas que apoyan implícita o explícitamente el desmantelamiento de las políticas del estado del bienestar, incluidas las políticas públicas de vivienda o lo que quedaba de ellas a principios del siglo XXI en Europa. El discurso desde el trono holandés del rey Guillermo Alejandro del 17 de septiembre de 2013 sigue considerándose un hito en ese sentido:

Es una realidad innegable que, en la sociedad actual de la información, en red, las personas son más asertivas e independientes que en el pasado. Esto, combinado con la necesidad de reducir el déficit presupuestario, significa que el estado del bienestar clásico está evolucionando lenta pero inexorablemente hacia una sociedad participativa. Se pedirá a todo el que pueda que asuma la responsabilidad de su propia vida y de su entorno inmediato [...] [El] estado del bienestar clásico de la posguerra ha dado lugar a sistemas que son insostenibles en su forma actual y que ya no responden a las expectativas de los ciudadanos. En el mundo actual, la gente quiere tomar sus propias decisiones, gestionar su propia vida y cuidar de los demás.[68]

El estado del bienestar clásico de la segunda mitad del s. XX, declarado obsoleto, debía reemplazarse por una «sociedad participativa» que promoviera la sostenibilidad y el compromiso mutuo. Participación, sostenibilidad, compromiso... las mismas palabras que servían décadas atrás para reclamar una sociedad más justa e igualitaria, incluso para criticar el sistema, son engullidas y asimiladas por los poderes hegemónicos para promover objetivos contrarios a aquellos. Así, no es difícil deducir que tras la idea de una «sociedad participativa» aflora la lógica del 'hágalo usted mismo' o del 'búsquese la vida', también en el ámbito de la vivienda, cuando las políticas públicas asumen un papel residual frente al libre mercado y tienden a la desaparición en muchos lugares. Esta es posiblemente una perspectiva aún lejana en los Países Bajos, pero la tendencia a cancelar cualquier planificación e intervención pública es clara en un panorama europeo más amplio.

En este contexto, las críticas a los excesos técnicos y normativos, las reivindicaciones de la acción directa y libre, de las iniciativas ciudadanas, incluso de los procesos participativos, tienden a converger hacia una de las simplificaciones más peligrosas de nuestro tiempo: pensar que la libertad individual y la libre iniciativa privada (personal o colectiva) conducirán a una ciudad y un entorno más democráticos. Tal simplificación es en cierto modo paralela a la tendencia a reducir la democracia a la expresión de la voluntad popular a través del voto, ignorando la necesidad de articular los intereses públicos, colectivos e individuales a través de marcos legales. ¿Es posible responder al interés común y a la naturaleza social de las ciudades mediante la construcción 'libre' de viviendas?

Otra simplificación paralela e igualmente ingenua es suponer que las políticas públicas y la arquitectura de vivienda social son por naturaleza represivas, no democráticas, o que, por definición, están disociadas de los intereses populares. Los discursos que parten de este tipo de premisas tienden a olvidar cómo la vivienda social y otras políticas públicas han contribuido a reducir las desigualdades en la historia reciente. Reconociendo las paradojas de un estado de bienestar en el que la distribución igualitaria puede llegar a anular la diversidad y la diferencia y la influencia que la crítica de la vida cotidiana ha tenido desde los años ochenta, Bernardo Secchi concluye:

El furor crítico de las últimas décadas del siglo XX en relación con los programas públicos de vivienda, los planes y proyectos urbanos, la construcción de un estado del bienestar a través de viviendas, equipamientos colectivos, espacios verdes e infraestructuras, ha llevado probablemente a subestimar las aportaciones de las políticas urbanas europeas al respecto.[69]

De hecho, en las primeras décadas del siglo XXI se ha pasado del furor crítico al furor físico dirigido contra las huellas materiales de esas políticas públicas de vivienda. El «furor global por eliminar los testimonios de la arquitectura como proyecto social del periodo de posguerra», en las oportunas palabras de Rem Koolhaas,[70] ha encontrado uno de sus principales objetivos en la arquitectura de vivienda social, llegando hasta sus vestigios más icónicos, como Robin Hood Gardens.

Retóricas de la casa

Las observaciones de Bernardo Secchi sobre la «nueva cuestión urbana» de la desigualdad en las ciudades europeas comenzaron a circular internacionalmente entre 2015 y 2016, justo cuando Latinoamérica se convertía en referencia para proyectar un nuevo 'giro social' en la cultura de los arquitectos. La esperanza de restaurar el compromiso de la disciplina con el interés de las mayorías y el consiguiente regreso al problema de la vivienda entraban en resonancia con el tópico de la ciudad latinoamericana como laboratorio, fuente de soluciones imaginativas que responden a escenarios radicales. Determinadas imágenes tuvieron un papel clave en ese contexto al confirmar las narrativas que identifican las grandes ciudades de América Latina con las desigualdades sociales extremas, como la fotografía tomada por Tuca Vieira del límite entre las torres residenciales del lujoso distrito de Morumbi y las casas autoconstruidas en la favela de Paraisópolis en São Paulo, cuya difusión se aceleró a partir de la exposición «Global Cities» en la galería Tate Modern de Londres de 2007. La imagen sintetiza muchas de las dialécticas que han guiado el pensamiento sobre la casa en las últimas décadas, no solo aquella entre ricos y pobres y no solo en Latinoamérica.

Para empezar, el contraste entre lo proyectado y lo espontáneo, uno de sus mensajes más evidentes, remite implícitamente a dos visiones contrapuestas sobre la casa: por un lado, la condición tipológica, repetitiva, basada en el control formal (a través del dibujo) de la vivienda entendida como producto y las visiones estratégicas propias de las técnicas de urbanización y construcción; por otro, los procesos improvisados de uso, apropiación y transformación del entorno que dan sentido a la idea de domesticidad,

36

la inmediatez de las acciones tácticas que definen el habitar. Tipología/morfología y domesticidad siguen siendo de hecho canales paralelos, enfrentados retóricamente en muchas investigaciones recientes, sin comunicación aparente entre sí. La torre de viviendas es, además, expresión monumental del poder centralizado, hegemónico, de los grandes agentes que moldean la historia a partir de sus intereses, frente a la multiplicación de pequeñas historias y procesos improvisados, aparentemente intrascendentes, del tejido menudo de casas agolpadas unas contra otras en la favela.

Por supuesto, estas oposiciones dialécticas se encuadran en la dicotomía más general entre ciudad formal y ciudad informal que, a su vez, es objeto de dos tipos de intervención pública aparentemente inconexos. Por una parte están los nuevos barrios formales de vivienda social, basados en la repetición de patrones conocidos, entregados en las últimas décadas en muchos países a la lógica del mercado financiero e inmobiliario, a sus criterios tipológicos y de localización. Sin salir de Latinoamérica, programas importantes en términos cuantitativos como Mivivienda en Perú, Minha Casa Minha Vida en Brasil, Procrear en Argentina, o los basados en créditos INFONAVIT en México, han demostrado que la posibilidad de fomentar nuevas formas de urbanidad y relaciones sociales mediante la calidad de los tejidos y espacios residenciales queda descartada en favor de una repetición obsesiva de la casa en propiedad como aspiración vital, núcleo reproductivo vinculado a la familia tradicional y, en última instancia, al control político. Los nombres de los programas son elocuentes al respecto.

Por otra parte, las intervenciones para la mejora y transformación de barrios informales se centran generalmente en la provisión de servicios urbanos, infraestructuras y espacio público, sin penetrar en la arquitectura de la casa. Esta se confía a una autoconstrucción guiada por la simple necesidad, incapaz de alcanzar cualidades espaciales, constructivas o estructurales. El contraste entre estos dos modos de intervención ha sido sintetizado con acierto por Anahí Ballent y Francisco Liernur cuando, a propósito del caso argentino, hablaron de «viviendas sin urbanidad, [...] o beneficios urbanos sin vivienda», términos que se excluyen mutuamente en las realidades concretas, en los productos que resultan de las políticas públicas.[71] En otras latitudes la diferencia entre las operaciones de regeneración urbana relacionadas con procesos de gentrificación y expulsión de residentes y la baja calidad de los nuevos desarrollos residenciales en los que se localiza una buena parte de las inversiones públicas en vivienda reproducen en términos distintos el mismo contraste.

En cuanto al papel de los arquitectos, la fractura dialéctica entre lo proyectado y lo espontáneo, entre ciudad formal e informal, tiene su reflejo desde los años sesenta-setenta en el enfrentamiento entre dos posturas antagónicas que coinciden irónicamente al alejarse de la arquitectura de vivienda social, aun por caminos distintos. Así, muchos de los que consideraron que el problema de la casa y del hábitat popular debía ser una prioridad migraron a otros campos disciplinares, desde la sociología a la antropología, desde el activismo político a la mediación social, abandonando, a veces con despecho, la arquitectura, sus métodos y herramientas, como el dibujo, y eludiendo tácitamente las responsabilidades de la técnica. En sentido opuesto, quienes se aferraron a una idea de 'Arquitectura' con mayúsculas se distanciaron de los compromisos y las complejidades de la vivienda social o económica persiguiendo objetos más lucrativos o fotogénicos. El caso de los hermanos Pelli resume este doble movimiento en términos que parecen sacados de una novela de Charles Dickens, con el ascenso de César al olimpo de los arquitectos-estrella globales mientras Víctor descendía a la producción social del hábitat en una de las regiones más pobres del norte de Argentina. Es evidente, por otro lado, que casos como el de Aravena no cuestionan esta dicotomía, al instrumentalizar el discurso social para alcanzar fines propios de las élites culturales y económicas.

Finalmente, la hegemonía de los ideales de diversidad, diferencia, expresión individual y de las aproximaciones ecológicas y ambientalistas, con origen también en los años sesenta-setenta pero generalizada desde los ochenta, ha cumplido un papel retórico fundamental para situar los conflictos políticos y la desigualdad social en un plano secundario. El repliegue a la dimensión reconfortante de lo doméstico y de la pequeña comunidad es en este sentido simétrico al desplazamiento hacia el activismo ecológico: ambos coinciden en operar sobre marcos lo suficientemente limitados (el individuo) o amplios (el planeta) como para disolver las contradicciones políticas, incluidas las que atañen a la vivienda.

A principios de los setenta la situación era clara para figuras como Manuel Castells que caracterizó la «ideología del medio ambiente» en un pasaje del libro *Movimientos sociales urbanos*:

[...] se trata de agrupar todos los fallos de lo que se denomina la «vida cotidiana», es decir, las condiciones colectivas de consumo y de relación social, bajo una etiqueta general que las presentaría como una calamidad natural (*naturalmente tecnológica*), contra la cual no puede menos que movilizarse, sin exclusivas, a todos los «hombres de buena voluntad» iluminados y respaldados por su gobierno. «Apolítica», humanitaria, universalista y científica, la ideología del medio ambiente transforma la desigualdad social en daños físicos y funde las clases sociales en un solo ejército de *boy-scouts*.[72]

Hoy la situación es si cabe más compleja, también en el terreno de la arquitectura. Precisamente la dislocación entre los nuevos ideales dominantes, como los de diversidad y equilibrio ambiental, y las desigualdades y problemas estructurales, como el de la vivienda, es lo que explica en gran parte no solo el declive de la disciplina, sino, más en general, el resurgir de discursos nostálgicos de los sistemas de autoridad y vuelta al orden que aprovechan ese abandono, reaccionando de paso contra los nuevos ideales. La conclusión evidente es que las categorías, argumentos y dialécticas que sirvieron para criticar la arquitectura de vivienda social entre los años sesenta y ochenta del siglo pasado no pueden seguir operando en el contexto actual, cuando las tácticas de apropiación y diferenciación, el activismo artístico y ambiental, son perfectamente compatibles con los poderes hegemónicos, mientras las estrategias de planeamiento, las políticas y programas públicos (incluidos los de vivienda) han asumido un papel residual.

¿Futuro sin retórica?

Sin que la situación haya cambiado radicalmente, tanto en lo que se refiere a una profesión que tiende a lo autorreferencial y a asumir un ingenuo lenguaje de vanguardia como a las retóricas que siguen dominando la arquitectura de la casa, el siglo XXI ofrece una serie de escenarios alternativos de enorme valor que escapan a los esquematismos y oposiciones dialécticas heredados del siglo anterior. La experiencia más notoria por su influencia quizá sea la de la transformación de

Medellín. Aunque las operaciones sobre el espacio y programas públicos hayan acaparado buena parte de la atención mediática, por su fácil identificación como nuevos monumentos, es en las más interesantes y complejas intervenciones públicas en vivienda y tejidos informales, como en las quebradas de Juan Bobo (2004-2007) y La Herrera (2007-2010), donde confluyen cuestiones sociales, ambientales, de habitabilidad, seguridad y calidad del espacio que superan los límites y esquemas anteriores. La crudeza directa, casi banal, de las nuevas arquitecturas insertadas en el tejido informal, su relación material con la autoconstrucción y con las operaciones de mejora de las viviendas existentes, la recuperación de recursos naturales y espacios públicos, ofrecen un resultado en apariencia semejante a la del Cerro Piloto en Caracas, pero alcanzado ahora a través de un proceso inverso de densificación en altura y liberación de suelo con valor ambiental.

Una disolución parecida de los límites conceptuales entre lo formal y lo informal, entre lo social y lo ambiental, se encuentra en los proyectos de Jorge Mario Jáuregui para varias de las favelas de Río de Janeiro (Macacos, 2003; Alemão, 2009) o en su reelaboración de la tradición de las *vilas operarias* con sistemas industrializados y configuraciones descarnadas en corredor que declaran con orgullo su origen popular en la misma ciudad (Fernão Cardim, 2003; Rocinha, 2010; Manguinhos, 2012). El interés por la posibilidad de recuperar una gran dimensión alejada de los gestos retóricos y mediáticos, conectada al sentido monumental profundo de la arquitectura de vivienda social, emerge en otros casos brasileños como el Residencial Parque Novo Santo Amaro V (2012) o los proyectos para Heliópolis (2012-2015), desarrollados por el estudio de Héctor Vigliecca para distintas favelas al sur de São Paulo, en el área de los manantiales, donde la superposición de cuestiones sociales y ambientales se hace de nuevo evidente.[73]

La superación de los esquemas antagónicos explica también el interés de las experiencias cooperativistas y de ayuda mutua en Uruguay, Brasil y, más recientemente, en España. Trabajos como los de asesoría técnica de USINA para *mutirões* autogestionados en São Paulo, desde União da Juta (1992-98) a Paulo Freire (2003-2010), o las más sofisticadas arquitecturas del programa municipal de «covivienda» para cooperativas en cesión de uso en Barcelona (desde 2015)[74] ofrecen alternativas imprescindibles para el futuro. Por un

40

lado, los procesos participativos no implican una renuncia a la definición de formas, sistemas y cualidades espaciales reconocibles, que trascienden los deseos y expresiones individuales, ni mucho menos el abandono de la técnica. Por otro, lo comunitario/colectivo asume una dimensión estructural solo si se inserta en lógicas de escala y replicabilidad a través de las políticas públicas. En este sentido cabe insistir, con David Harvey, en que, para que el concepto de «bienes comunes urbanos» no acabe sirviendo a una estrategia de retirada hacia comunidades cerradas y a iniciativas de fragmentación social, o convirtiéndose en una retórica «fácilmente apropiada por el poder político existente»,[75] es fundamental reclamar «formas organizativas 'anidadas' y, por tanto, jerárquicas» (aunque el concepto siga siendo anatema en muchos círculos), estructuras que en los niveles más amplios incluyan las instituciones públicas que representan el poder democrático.[76] La diferencia entre las incipientes iniciativas de *cohousing* y *coliving* en Madrid y los ejemplos de Barcelona, aun con sus ambigüedades y contradicciones, es significativa al respecto no solo en lo que se refiere a la relación entre iniciativas ciudadanas y políticas públicas, sino también entre investigación y práctica.[77]

Por último, la escisión entre políticas de vivienda social («viviendas sin urbanidad») y de regeneración urbana («beneficios urbanos sin vivienda», centros urbanos gentrificados y turistizados, sin residentes) es cuestionada por los proyectos de transformación y rehabilitación en áreas centrales que responden a la demanda de vivienda económica de habitantes nuevos o ya presentes en esas áreas. Destacan en este sentido los realizados en las vecindades históricas de Ciudad de México desde 2003 (Casa de la Covadonga, Academia 9, Brasil 44), los de reciclaje participativo, de rehabilitación de áreas centrales y «cooperativas dispersas» en edificios y fincas abandonadas de la ciudad vieja de Montevideo desde el inicio del siglo XXI hasta la actualidad (Covicivi, Ufama al Sur, El Resorte, Irupé, Puerto Fabini), las diversas realizaciones bajo los programas públicos de rehabilitación para llevar vivienda social al centro de São Paulo desde 2001 (PAR-Reforma, Renova Centro, PMCMV-Entidades), o iniciativas tan singulares como los proyectos de Santiago Pradilla y Sebastián Serna para los pasajes residenciales del barrio de Las Cruces en Bogotá (2016-2018). Visibilidad y centralidad de la casa económica se convierten así en objetivos situados en el terreno de lo político, y alcanzables plenamente solo a través de operaciones técnicas concretas.

Todos estos escenarios tienden a situarse al margen de las retóricas proyectadas sobre la arquitectura de la casa desde la segunda mitad del siglo XX, empezando por la idea de una 'revolución doméstica' confiada implícita o explícitamente a la tecnología y a la expresión individual, a la acción artística o creativa, al potencial subversivo del habitar o a una reconfiguración de la vida cotidiana y de los roles sociales alejada de los grandes marcos estructurales. Sin negar todos esos campos de investigación y acción, las alternativas mencionadas permiten afirmar la vigencia de los conflictos históricos (contra el embarazoso concepto de 'fin de la historia'), y de los retos provocados por el ingreso de la vivienda económica («mínima y masiva» en la expresión de Marina Waisman) en el territorio de la arquitectura. En ellas se despliegan premisas y propuestas que conviene no perder de vista: impacto cualitativo y orientación propia de las políticas públicas, exploración acumulativa, transferencia y mejora gradual de soluciones, circulación de experiencias e ideas, coordinación con las iniciativas de autogestión, pluralidad de niveles, agentes y procesos, replicabilidad y economía de escala, superposición de dinámicas sociales y ambientales, importancia de los criterios urbanos y de localización a escala territorial, búsqueda de la gran dimensión y de un sentido monumental profundo (anti-mediático) de la vivienda social. Finalmente, frente a su abandono o a su marginación al servicio de las élites, la arquitectura y el urbanismo pueden aún convertirse en medios para reconocer y transformar las condiciones materiales de vida de las mayorías, para promover ciudades y territorios alternativos. Aunque suene retórico es en estos escenarios, desde las quebradas de Medellín al centro de Ciudad de México, y no en los que se imponen como referencia en las páginas de las revistas, en nuestras aulas, exposiciones y bienales, donde se vislumbra una posible arquitectura del futuro y, sobre todo, un futuro posible para la arquitectura.

Sergio Martín Blas.
Profesor contratado doctor de
Proyectos Arquitectónicos ETSAM.
Universidad Politécnica de Madrid.

Este trabajo forma parte de
los resultados del proyecto de
investigación REDIVISS (Red
Iberoamericana de Vivienda Social
Sostenible, www.rediviss.com),
financiado por la Comunidad de Madrid
en el marco del convenio plurianual
con la Universidad Politécnica de
Madrid en la línea de actuación de
estímulo a la investigación de jóvenes
doctores (Referencia: APOYO-
JOVENES-21-A030RM-132-BEZJY9).
Su contenido proviene en parte de la
traducción, revisión y reelaboración
de dos publicaciones previas del
autor: «Robin Hood Gardens: Casa e
Monumento». *Rassegna di Architettura
e Urbanistica*, 155 (2018) y «What ever
happened to social housing?», en
*The New Urban Condition: Criticism
and Theory from Architecture and
Urbanism* (Routledge, 2021).

Notas

1. Arantes, «Uma estratégia fatal», 11-16. El texto se basa en una comunicación de 1998.

2. Delgado, *Ciudadanismo*, 76-81.

3. *Ibidem*, 92-97.

4. *Ibidem*, 81.

5. Silverstone, Hirsch y Morley, «Information and Communication Technologies and the Moral Economy of the Household».

6. Colomina, «The Exhibitionist House». Riley, «The Un-Private House». Sloterdijk, «Construcción celular, egosferas, autocontainer».

7. Banham, *Theory and Design in the First Machine Age*, 9-10. Banham, «A Home is not a House», 75. Hayden, *The Grand Domestic Revolution*.

8. Singh, «V&A director fights back against 'art washing' claims as he refuses to take down controversial Venice exhibit».

9. Turner, «A Small Segment of a Masterpiece».

10. Loos, «Los modernos barrios residenciales», 176-177.

11. Smithson, «The Monuments of Passaic», 50. Traducción del autor.

12. Gonzalbo, «La historiografía de la vida cotidiana».

13. Perec, «Approches de quoi?», 3. Traducción del autor. La frase original es: «Les journaux parlent de tout, sauf du journalier».

14. Unamuno, «En torno al casticismo: La tradición eterna», 32.

15. *Ibidem*.

16. Unamuno, «En torno al casticismo: Las casta histórica.—Castilla», 74-75.

17. Violet-le-Duc, «Maison», 214. Traducción del autor. La frase se completa con: «[…] y por muy poderosos que sean los conquistadores, su tiranía nunca llega a intentar cambiar la forma de las viviendas de los pueblos conquistados».

18. Rossi, *L'archittettura della città*, 69. Traducción del autor.

19. *Ibidem*, 54.

20. Loos, «Arquitectura», 229.

21. *Ibidem*, 230.

22. Le Corbusier, «Où en est l'architecture?», 9. Traducción del autor.

23. Teige, *The minimum dwelling*, 1. Traducción del autor.

24. Klein, «La casa unifamiliar», 172.

25. Taut, «Russia's Architectural Situation», 169. Traducción del autor.

26. Waisman, *La estructura histórica del entorno*, 33-36.

27. McGuirk, *Radical Cities*, 17-28. La cita está extraída de la nota de prensa para la difusión del libro.

28. Gorelik, *La ciudad latinoamericana*, 24.

29. Thörn, Mayer y Thörn, «Re-thinking Urban Social Movements, 'Riots' and Uprisings: An Introduction».

30. Leguía, «Latin America at the Crossroads».

31. Gadanho, «Mirroring Uneven Growth», 15-16.

32. Lerner, *Acupuntura urbana*.

33. Solà-Morales, «De cosas urbanas», 24-25.

34. Secchi, *La ciudad de los ricos y la ciudad de los pobres*, 17. Castells, *La cuestión urbana*.

35. Hitchcock, *Latin American Architecture since 1945*, 123. Traducción del autor.

36. *Ibidem*, 137.

37. Hernández y Kellet, «Introduction: Reimagining the Informal in Latin America», 1-10.

38. Roy, «Transnational trespassings», 303, 299. Traducción del autor.

39. Garmany y Gonçalves Almeida, «Urban orientalism and the informal city…», 287. Broudehoux, «Image Making, City Marketing and the Aesthetization of Social Inequality in Rio de Janeiro», 274.

40. Mehrotra, «Re-Thinking the Informal City». Lerner, «Growing Pains».

41. Unamuno, «Paisajes», 58.

42. Wilson, «The Aesthetics of Immersion and Detachment...», 43.

43. Hall, *Cities of Tomorrow*, 385-413.

44. Lefebvre, *Le droit à la ville*. Lefebvre, *Espace et politique: Le droit à la ville II*. Harvey, *Social Justice and the City*. Turner, «Dwelling Resources in South America». Turner, *Vivienda: todo el poder para los usuarios*. Ward, *Housing: An Anarchist Approach*.

45. Ferro, *Dessin/Chantier*. De Certeau, *The Practice of Everyday Life*.

46. Ferro, *op. cit.*, 23. Traducción del autor.

47. Arantes, *Arquitetura Nova*, 70-86.

48. *Ibidem*, 120-126.

49. Turner, «Dwelling Resources in South America». Eco, *Opera Aperta*.

50. Turner, *Vivienda: todo el poder para los usuarios*, 164.

51. Ruskin, *The Stones of Venice*, 122. Traducciones del autor.

52. *Ibidem*, 131.

53. *Ibidem*, 121-123.

54. *Ibidem*, 131-132.

55. Davis, *Planet of Slums*.

56. Golda-Pongratz, «Lecturas contemporáneas de las barriadas turnerianas».

57. Jacobs, *The Death and Life of Great American Cities*, 226. Traducción del autor.

58. Evans, «Rookeries and Model Dwellings», 107. Traducción del autor.

59. Boonstra y Lofvers, «Rotterdam: Do-It-Yourself Assemblages in Urban Regeneration».

60. Mota, «Incremental Housing».

61. Breyer y otros, «The Pritzker Architecture Prize 2016 Jury Citation».

62. Arantes, *The Rent of Form*, 219-221. Traducción del autor.

63. Habitat III Secretariat, *New Urban Agenda*, 5. Traducción del autor.

64. Secchi, *op. cit.*

65. *Ibidem*, 78-79.

66. *Ibidem*, 77.

67. *Ibidem*, 84-86.

68. Royal House of The Netherlands, «Speech from the Throne 2013». Traducción del autor.

69. Secchi, *op. cit.*, 68.

70. Koolhaas, «Venice Biennale 2010: Cronocaos». Traducción del autor.

71. Ballent y Liernur, *La casa y la multitud*, 14.

72. Castells, *Movimientos sociales urbanos*, 74.

73. Recaman y Wilderom, «Construindo a Natureza em Contextos Desiguais».

74. Lorente, Sakamoto, Devesa y Bugés, *Cohousing in Barcelona*.

75. Harvey, *Ciudades rebeldes*, 135.

76. *Ibidem*, 110-111.

77. Véanse los trabajos del grupo Habitar de la UPC dirigidos por Xavier Monteys y su relación con las realizaciones recientes de vivienda social y «covivienda» en Barcelona. Monteys, Mària, Fuertes y otros, *Rehabitar en nueve episodios*.

Bibliografía

Arantes, Otília Beatriz Fiori. «Uma estratégia fatal: a cultura nas novas gestões urbanas». En *A cidade do pensamento único: desmanchando consensos*, 3ª edición, coordinada por Otília Arantes, Carlos Vainer y Ermínia Maricato, 11-74. Petrópolis, RJ: Vozes, 2000.

Arantes, Pedro Fiori. *The Rent of Form: Architecture and Labor in the Digital Age*. Minneapolis: University of Minnesota Press, 2018.

Arantes, Pedro Fiori. *Arquitectura Nova: Sérgio Ferro, Flávio Imperio e Rodrigo Lefèbvre, de Artigas aos mutirões*. São Paulo: Ed. 34, 2002.

Ballent, Anahí, y Jorge Francisco Liernur. *La casa y la multitud: vivienda, política y cultura en la Argentina moderna*. Buenos Aires: Fondo de Cultura Económica, 2014.

Banham, Reyner. *Theory and Design in the First Machine Age*. Nueva York: Praeger, 1967. Edición original 1960.

Banham, Reyner. «A Home is not a House». *Art in America*, vol. 2 (1965): 70-79.

Breyer, Stephen, Yung Ho Chang, Kristin Feireiss, Glenn Murcutt, Richard Rogers, Benedetta Tagliabue, Ratan N. Tata, Martha Thorne, The Lord Palumbo. «The Pritzker Architecture Prize 2016 Jury Citation». Publicado en 2016. www.pritzkerprize.com/jury-citation-ale-jan-dro-ara-ve-na

Boonstra, Beitske, y Willemijn Lofvers. «Rotterdam: Do-It-Yourself Assemblages in Urban Regeneration». *disP - The Planning Review* 53, no. 1 (2017): 6–17.

Broudehoux, Anne-Marie. «Image Making, City Marketing and the Aesthetization of Social Inequality in Rio de Janeiro». En *Consuming Tradition/Manufacturing Heritage: Global Norms and Urban Forms in an Age of Tourism*, editado por Nezar AlSayaad, 273–297. Londres: Routledge, 2001.

Castells, Manuel. *La cuestión urbana*. Madrid: Siglo XXI, 1979. Edición original en francés 1972.

Castells, Manuel. *Movimientos sociales urbanos*, 3ª ed. Madrid: Siglo XXI, 1977. Edición original en francés 1973.

Colomina, Beatriz. «The Exhibitionist House». En *At the End of the Century: One Hundred Years of Architecture*, catálogo de la exposición comisariada por Richard Koshalek y Elizabeth A. T. Smith, 126-165. Los Angeles: The Museum of Contemporary Art, 1998.

Davis, Mike. *Planet of Slums*. Londres: Verso, 2006.

Delgado, Manuel. *Ciudadanismo: la reforma ética y estética del capitalismo*. Madrid: Los Libros de la Catarata, 2016.

De Certeau, Michel. *The Practice of Everyday Life*. Berkeley: University of California Press, 1988. Edición original en francés 1980.

Eco, Umberto. *Opera Aperta: forma e indeterminazione delle poetiche contemporanee*. Milán: Bompiani, 1962.

Evans, Robin. «Rookeries and Model Dwellings: English Housing Reform and the Moralities of Private Space». En *Translations from Drawing to Building and Other Essays*, 93–117. Londres: Architectural Association, 1997. Publicado originalmente en 1978.

Ferro, Sérgio. *Dessin/Chantier*. París: La Villette, 2005. Edición original 1979.

Gadanho, Pedro. «Mirroring Uneven Growth: A Speculation on Tomorrow's Cities Today». En *Uneven Growth: Tactical Urbanisms for Expanding Megacities*, catálogo de la exposición comisariada por el mismo autor, 14-25. Nueva York: The Museum of Modern Art, 2014.

Garmany, Jeff y Rafael Gonçalves Almeida. «Urban orientalism and the informal city in Rio de Janeiro, Brazil». *Environment and Planning D: Society and Space* 41, no. 2 (2023): 275-294.

Golda-Pongratz, Kathrin. «Lecturas contemporáneas de las barriadas turnerianas: nuevas identidades y nuevos retos de la Lima emergente». En *John F. C. Turner, Autoconstrucción: por una autonomía del habitar*, editado por Kathrin Golda-Pongratz, José Luis Oyón y Volker Zimmermann, 257–292. Logroño: Pepitas de Calabaza, 2018.

Gonzalbo Aizpuru, Pilar. «La historiografía de la vida cotidiana». En *Introducción a la historia de la vida cotidiana*, 71-91. Ciudad de México: El Colegio de México, 2006.

Gorelik, Adrián. *La ciudad latinoamericana: una figura de la imaginación social del siglo XX*. Buenos Aires: Siglo XXI, 2022.

Habitat III Secretariat. *New Urban Agenda*. Quito: United Nations, 2017.

Hall, Peter. *Cities of Tomorrow*. Oxford, UK: Blackwell, 1994. Edición original de 1988.

Harvey, David. *Social Justice and the City*. Londres: Edward Arnold, 1973.

Harvey, David. *Ciudades rebeldes: del derecho a la ciudad a la revolución urbana*. Madrid: Akal, 2013. Edición original en inglés 2012.

Hayden, Dolores. *The Grand Domestic Revolution: A History of Feminist Designs for American Homes, Neighborhoods, and Cities*. Cambridge, MA: The MIT Press, 1981.

Hernández, Felipe y Peter Kellet. «Introduction: Reimagining the Informal in Latin America». En *Rethinking the Informal City: Critical Perspectives from Latin America*, editado por Felipe Hernández, Peter Kellet y Lea K. Allen, 1-19. Oxford, UK: Berghahn Books, 2010.

Hitchcock, Henry-Russell. *Latin American Architecture since 1945*. Nueva York: The Museum of Modern Art, 1955.

Jacobs, Jane. *The Death and Life of Great American Cities*. Nueva York: Vintage Books, 1992. Edición original 1961.

Klein, Alexander. «La casa unifamiliar.
Tipo orientado al sur. Estudios,
proyectos y consideraciones
generales sobre los mismos». En
Vivienda mínima: 1906-1957, 172-
294. Barcelona: Gustavo Gili, 1980.
Publicado originalmente en 1934.

Koolhaas, Rem. «Venice Biennale
2010: Cronocaos». Agosto de 2010.
Consultado en junio de 2024. https://
www.oma.com/projects/venice-
biennale-2010-cronocaos.

Le Corbusier. «Où en est
l'architecture?». En *L'Architecture
Vivante*, otoño-invierno de 1927: 7-11.

Lefebvre, Henri. *Le droit à la ville*.
París: Anthropos, 1968.

Lefebvre, Henri. *Espace et politique:
Le droit à la ville II*. París: Anthropos,
1972.

Leguía, Mariana, ed. «Latin America at
the Crossroads». *Architectural Design*
81, no. 3 (mayo/junio 2011).

Lerner, Jaime. *Acupuntura urbana*.
Barcelona: IAAC, 2005. Edición
original en portugués 2003.

Lerner, Jonathan. «Growing Pains».
Landscape Architecture Magazine, 105,
no. 1 (2015): 110–119.

Loos, Adolf. «Arquitectura». En
Ornamento y delito y otros escritos,
221-231. Barcelona: Gustavo Gili, 1972.
Publicado originalmente con el título
«Architektur» en 1910.

Loos, Adolf. «Los modernos barrios
residenciales». En *Ornamento y delito
y otros escritos*, 176-197. Barcelona:
Gustavo Gili, 1972. Publicado
originalmente con el título «Die
Moderne Siedlung» en 1927.

Lorente, David, Tomoko Sakamoto,
Ricardo Devesa y Marta Bugés, eds.
*Cohousing in Barcelona: Architecture
from / for the community*. Nueva York
y Barcelona: Actar y Ayuntamiento de
Barcelona, 2023.

Monteys, Xavier, Magda Mària, Pere
Fuertes, Anna Puigjaner, Roger
Sauquet, Carlos Marcos, Eduard Callís,
Carlos F. Rovira. *Rehabitar en nueve
episodios*. Madrid: Lampreave, 2012.

Mota, Nelson. «Incremental Housing: A
Short History of an Idea». En *The New
Urban Condition: Criticism and Theory
from Architecture and Urbanism*,
editado por Leandro Medrano, Luiz
Recaman y Tom Avermaete, 160-182.
Nueva York: Routledge, 2021.

Thörn, Håkan, Margit Mayer y
Catharina Thörn. «Re-thinking
Urban Social Movements, 'Riots' and
Uprisings: An Introduction». En *Urban
Uprisings: Challenging Neoliberal
Urbanism in Europe*, editado por
Margit Mayer y Catharina Thörn y
Håkan Thörn, 3-56. Londres: Palgrave
Macmillan, 2016.

McGuirk, Justin. *Radical Cities: Across
Latin America in Search of a New
Architecture*. Londres: Verso, 2014.

Mehrotra, Rahul. «Re-Thinking the
Informal City». *Area*, no. 128 (mayo-
junio de 2013): 6–11.

Perec, Georges. «Approches de quoi?».
Cause commune, no. 5 (febrero de
1973): 3-4.

Recaman, Luiz y Mariana Wilderom,
«Construindo a Natureza em Contextos
Desiguais: São Paulo e Medellín».
Rassegna di Architetta e Urbanistica,
no. 169 (enero-abril 2023): 76-82.

Riley, Terence. «The Un-Private
House». En *The Un-Private House*,
catálogo de la exposición comisariada
por el mismo autor, 9-38. Nueva York:
The Museum of Modern Art, 1999.

Royal House of The Netherlands.
«Speech from the Throne 2013». 17 de
septiembre de 2013. www.royal-house.
nl/documents/speeches/2013/09/17/
speech-from-the-throne-2013

Rossi, Aldo. *L'architettura della città*.
Macerata: Quodlibet, 2015. Edición
original de 1966.

Roy, Ananya. «Transnational
trespassings: The geopolitics of urban
informality». En *Urban informality:
Transnational perspectives from the
Middle East, South Asia and Latin
America*, editado por Ananya Roy y
Nezar AlSayyad, 289-317. Lanham, MD:
Lexington Books, 2004.

Ruskin, John. *The Stones of Venice*. Londres: Faber and Faber, 1981. Publicado originalmente en 1853.

Secchi, Bernardo. *La ciudad de los ricos y la ciudad de los pobres*. Madrid: Los libros de la Catarata, 2015. Primera edición en italiano 2013.

Silverstone, Roger, Eric Hirsch y David Morley. «Information and Communication Technologies and the Moral Economy of the Household». En *Consuming Technologies: Media and Information in Domestic Spaces*, editado por Roger Silverstone y Eric Hirsch, 115-131. Londres: Routledge, 1992.

Singh, Anita. «V&A director fights back against 'art washing' claims as he refuses to take down controversial Venice exhibit». *The Telegraph*, 28 de mayo de 2018. https://www.telegraph.co.uk/news/2018/05/29/va-curator-fights-back-against-art-washing-claims-refuses-take/

Sloterdijk, Peter. «Construcción celular, egosferas, autocontainer». En *Esferas III*, 432-458. Madrid: Siruela, 2006.

Smithson, Robert. «The Monuments of Passaic». *Artforum* 6, no. 4 (diciembre de 1967): 48-51.

Solà-Morales, Manuel. «De cosas urbanas». En *De cosas urbanas*, 17–30. Barcelona: Gustavo Gili, 2008.

Taut, Bruno. «Russia's Architectural Situation». En *Russia: An Architecture for World Revolution*, El Lissitzky, 167-173. Cambridge, MA: The MIT Press, 1970. Edición original de 1930. Manuscrito inédito de Taut publicado por El Lissitzky, fechado en 1929.

Teige, Karel. *The minimum dwelling*. Cambridge, MA: MIT Press, 2002. Primera edición en checo de 1932.

Turner, Christopher. «A Small Segment of a Masterpiece». 6 de marzo de 2018. https://www.vam.ac.uk/blog/museum-life/a-small-segment-of-a-masterpiece-2

Turner, John F.C., ed. «Dwelling Resources in South America». *Architectural Design*, no. 33 (1963).

Turner, John F.C. *Vivienda: todo el poder para los usuarios*. Madrid: Blume, 1977. Edición original en inglés de 1976.

Unamuno, Miguel de. «En torno al casticismo: la tradición eterna». *La España moderna* VII, no. 74 (febrero de 1895): 17-40.

Unamuno, Miguel de. «En torno al casticismo: Las casta histórica.—Castilla». *La España moderna* VII, no. 75 (marzo de 1895): 57-82.

Unamuno, Miguel de. «Paisajes». En *Paisajes y ensayos*, 55-82. Madrid: Escelicer, 1966. Publicado originalmente en 1902.

Viollet-le-Duc, Eugène-Emmanuel. «Maison». En *Dictionnaire raisonné de l'architecture française du XIe au XVIe siècle*, vol. VI, 214-300. París: Bance-Morel, 1854-1868.

Waisman, Marina. *La estructura histórica del entorno*. Buenos Aires: Nueva Visión, 1977.

Ward, Colin. *Housing: An Anarchist Approach*. Londres: Freedom Press, 1976.

Wilson, Samantha. «The Aesthetics of Immersion and Detachment in the British Natural Sublime: A Historical Perspective». *Environment, Space, Place*, vol. 9, no. 1 (primavera de 2017): 43–62.